George Washington

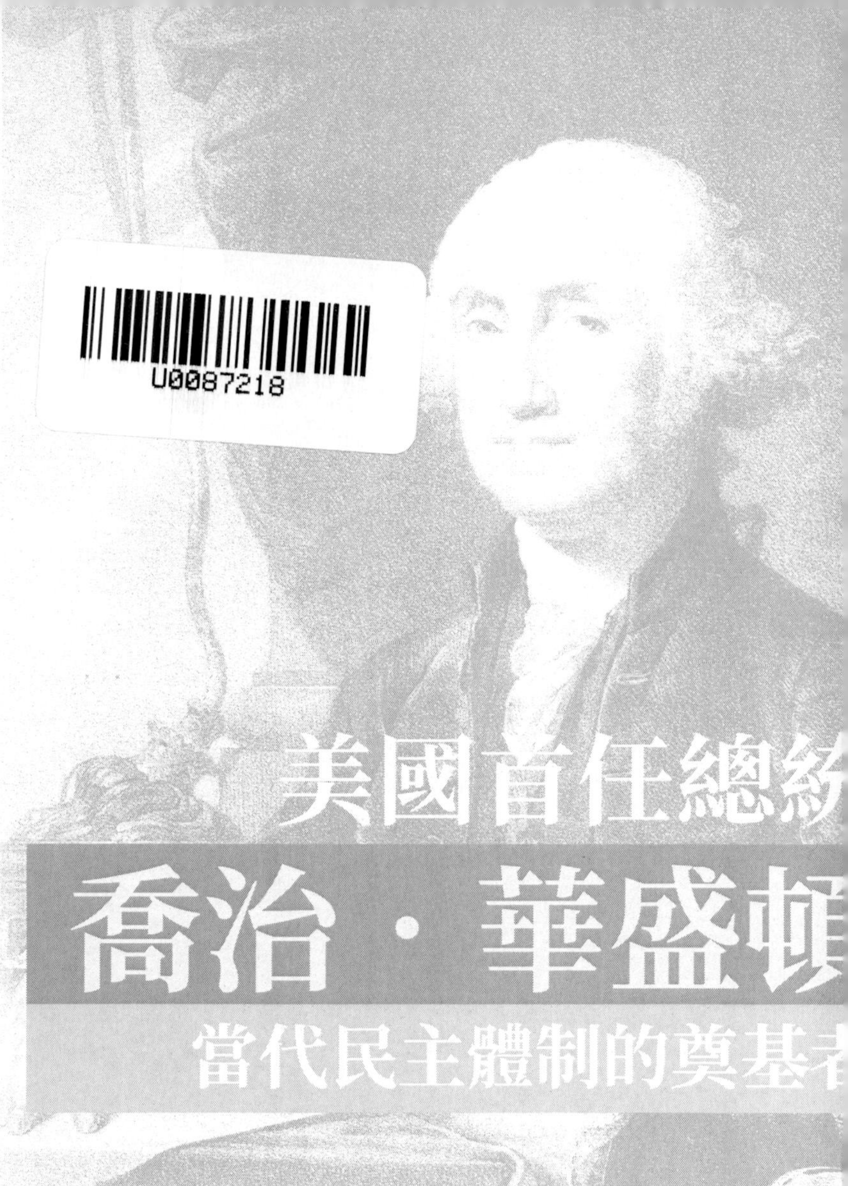

美國首任總統

喬治·華盛頓

當代民主體制的奠基者

「我的第一個願望是看見人類的瘟疫、戰爭，從地球上消除。」

潘于真 著

法國印地安人戰爭、收復波士頓、美國革命、獨立宣言……
跟美國有關的大事，都有他的身影！
細數那些有「美國國父」之稱的喬治·華盛頓的故事！

目錄

目錄

第六章　投身反英戰爭

第七章　受命於危難之際

第八章　收復波士頓

目錄

目錄

第十八章　美國第一任總統

第十九章　艱難執政

第二十章　桑榆晚景

目錄

前言

喬治·華盛頓（一七三二到一七九九），美利堅合眾國開國元勛，獨立戰爭期間任大陸軍總司令，美利堅合眾國成立後第一、第二任總統，集革命家、軍事家和政治家於一身，被譽為「戰爭時期第一人，和平時期第一人，同胞心目中的第一人」，深受美國人民的愛戴和敬仰。美利堅合眾國獨立後，他是美國聯邦憲法的制定者和積極倡導者，為美國近代民主共和制的確立和資本主義經濟的發展造成了奠基作用，被譽為「美國國父」。

一七三二年二月二十二日，華盛頓出生在英屬北美維吉尼亞殖民地的一個種植園主家庭。十一歲喪父，只受過少量的初等教育，後來完全靠自學汲取了自己所需的各種知識。

一七五三年，華盛頓到部隊服役，參加了法國與印第安人之間的戰爭，表現出眾，為他積累了豐富的作戰經驗。一七五六年，華盛頓毛遂自薦，請命率維吉尼亞民團對法軍作戰，為與法國爭奪俄亥俄州付出了艱苦的努力。

一七六三年，北美人民與英國統治集團之間矛盾激化，華盛頓立即投入到反抗英國殖民統治的戰爭中，為北美人民謀求應得的權益。一七七四年，他被維吉尼亞議會選為代表出席第一屆大陸會議。一七七五年四月，萊星頓的槍聲揭開了北美人民武裝反抗英國殖民統治的序幕，華盛頓勇敢地擔負起大陸會議委任給他的大陸軍總司令重任，領導北美人民為爭取獨立而進行的武裝戰爭。從此，華盛頓成為北美乃至世界政治舞台上的風雲人物。

一七八三年，英國正式承認美國獨立。一七八七年，華盛頓主持召開費城制憲會議，制定了美國第一部聯邦憲法。一七八九年，華盛頓眾望所歸，當選為美國第一任總統，隨後開始組織機構精幹的聯邦政府，頒布司法條例，成立聯邦最高法院，並支持關於成立國家銀行的計劃，確立國家信用。在執政期間，每每遇到難題，華盛頓都會認真聽取各方意見後才做出決斷，而決斷的主要依據都是美國的國家利益和全體美國人民的幸福。

一七九三年，華盛頓蟬聯第二任總統。期間，美國兩黨政治將這位總統捲入激烈的黨爭之中，使他的聲望受到極大傷害。對黨爭的厭惡使其在第二屆總統任滿之際，不顧多數人盼其連任的願望，堅決辭任總統職務，從而確立了美國總統任期不過兩屆的慣例。

一七九九年十二月十四日，華盛頓在維吉尼亞州的維農山莊家中病逝，享年六十七歲。

本書從華盛頓的兒時生活開始寫起，一直追溯到他所創立的偉大事業及所取得的輝煌成就，再現了這位美國首任總統具有傳奇色彩的一生，旨在讓讀者了解這位偉大政治家不平凡的人生經歷，學習他那種一生正直、勇敢、堅強，深明大義且樂於奉獻的崇高精神。

George Washington

第一章　移民的後代

我的母親是我見過的最漂亮的女人。我所有的一切都歸功於我的母親。我一生中所有的成就都歸功於我從她那兒得到的德、智、體的教育。

——華盛頓

（一）家世

喬治．華盛頓的祖先是英國人。一六五七年，二十五歲的英國傳教士之子約翰．華盛頓作為「海馬號」雙桅帆船船主的助手，漂洋過海來到美洲做販賣菸草的生意。在回程時，「倫敦海馬號」不幸沉沒，約翰．華盛頓只好留在英國所屬的北美殖民地維吉尼亞。

維吉尼亞氣候溫暖濕潤，風景秀麗宜人，而且土地肥沃，靠大西洋沿岸的地區生長著茂密的橡樹、胡桃樹和榆樹等。而且，這裡還是北美最早的菸草產地。

約翰．華盛頓被維吉尼亞美麗的景色所吸引，遂決定在此定居，並在波多馬克河和拉帕漢諾克河之間的北峽地區的威斯摩蘭郡購置了土地。

不久，他在這裡結識了當時維吉尼亞富豪納撒尼爾．波普一家，並與富豪的女兒安妮．波普小姐結為伉儷。婚後，他們將新家遷到了風景秀美的博尼塔溪畔。

約翰．華盛頓很能幹，他以務農為主，開墾了大片的土地，後來又出任地方官員和市民院議員。而且，他還以華盛頓上校的身分率領維吉尼亞軍隊對抗印第安人

（一）家世

在波多馬克河一帶的侵擾活動。為了表彰他為公眾服務的勞績和他私人的美德，他所在的教區被命名為華盛頓教區，並且延續至今。

約翰．華盛頓生有三個兒子，其中勞倫斯．華盛頓就是喬治．華盛頓的祖父。勞倫斯的兒子奧古斯汀．華盛頓是喬治．華盛頓的父親。一六九四年，他出生在佈里吉斯莊園。由於他長得身材高大，皮膚白皙，大家都親暱地稱他為「格斯」。

奧古斯汀結過兩次婚。一七一五年四月，他與威斯摩蘭郡的凱萊布．巴特勒先生的女兒簡．巴特勒小姐結婚。婚後，簡生下四個孩子，其中只有勞倫斯和小奧古斯汀長大成人。一七二八年十一月二十四日，簡去世，埋葬在這個家族的墓地中。

簡去世時，奧古斯汀正在英國做生意，直到一七三零年才回到家中。三月六日，奧古斯汀第二次結婚，新娘是鮑爾少校的女兒瑪麗。據說瑪麗是一位年輕美麗的姑娘，是北峽谷區的美人，但由於瑪麗三歲喪父，母親不久改嫁，使她缺少父母之愛和系統的教育，因而雖文靜賢淑，但卻有些任性固執。

瑪麗一共為奧古斯汀生了四個兒子和二個女兒。一七三二年二月二十二日上午十點鐘左右，在博尼塔溪莊園的老屋中，伴隨著一聲清脆的啼哭聲，一個男嬰誕生了。他是奧古斯汀與瑪麗的第一個孩子，據父親奧古斯汀講，這個小生命一來到人世就不甘寂寞，先是發出一聲洪亮的哭聲，隨後就睜開一雙大眼睛，似乎在用那雙清澈明亮的眼睛探尋著這個陌生的世界。

欣喜之餘，奧古斯汀為兒子取名為喬治·華盛頓，以紀念瑪麗的監護人喬治·埃斯克里奇律師。當時誰也不曾想到，就是這個稚嫩而弱小的喬治·華盛頓，四十三年之後就任北美十三個州獨立戰爭聯軍的總司令，五十三年之後竟然成為美利堅合眾國的開國總統。

雖然博尼塔溪莊園風光秀麗幽雅，但在喬治出生後不久，父親奧古斯汀的生意便出現變故，一家人搬遷到附近的新居——弗雷農莊。這是一座老式的三層樓房，坐落在一個高地上，高地下面是一片草地。不遠處，就是奔流不息的拉帕漢諾克河。

喬治在這裡度過了他的童年時光。他經常趴在家中臨河的窗口，俯瞰從大西洋彼岸駛來的船隻頂風劈浪，逆著拉帕漢諾克河而上，前來菲德里克斯堡。他還常常到拉帕漢諾克河中釣魚、游泳，在河邊的草地上嬉戲，一切都是那麼美好。

此後的幾年，瑪麗又陸續生下山姆·華盛頓、約翰·奧古斯汀·華盛頓和查爾斯．華盛頓三個男孩，以及貝蒂和米爾德里德二個女兒，但米爾德里德在襁褓中就死去了。

喬治的母親瑪麗是個美麗端莊的女性，儀態優雅大方，但同時又具有剛毅的性格，深明事理，辦事果斷認真。正是母親這種特殊的性格，使喬治從小養成了自信、自立、自強的信念和待人公道、處事嚴謹的作風。不過，由於她對孩子管束過分嚴厲，且態度粗暴，喬治與她的關係曾一度不夠和睦。

（二）成長

光陰荏苒，一轉眼喬治就到了上學的年齡。當時維吉尼亞的學校很少，許多富裕的農家有一種風氣，就是喜歡送兒子們到英國去留學，以便他們能夠接受母國文化的薰陶，將來能出人頭地。奧古斯汀．華盛頓就將年方十五歲的長子勞倫斯送到英國去了。可以想像，他顯然是將勞倫斯當成這個家族未來的家長了。

當時的喬治還處於幼年，就在附近最好的學堂裡受到一些初步的教育。那時的民間都將這種教堂稱為「老式學堂」，學堂很簡陋，老師霍比先生是奧古斯汀的一個佃戶。他所教都是一些最簡單的科目，包括識字、寫字、算術等。但喬治在家中受到他那修養極好的父親智力上和道德上的薰陶要更明顯一些。

喬治大約七八歲的時候，他的哥哥勞倫斯從英國留學回來了。這時的勞倫斯已經長成為一個受過良好教育、學有所成的青年了。勞倫斯很疼愛喬治這個弟弟，對他可謂愛護備至，喬治所表現出來的智慧和正直的品德也贏得了勞倫斯的尊敬；而喬治則把富於男子氣概的有涵養的哥哥看成是在學識和風度方面都值得自己學習的楷模。他們這種親密的兄弟之情，對喬治今後的人生產生了極其重要的影響。

勞倫斯回國不久，因西班牙人在海上搶劫英國貨輪，英國對其進行報復，在殖民地徵兵成立了一個軍團，與西班牙之間爆發了一次戰爭。維吉尼亞備戰的氣氛忽然之間就甚囂塵上，各個村莊都響起了鼓號之聲。二十二歲的勞倫斯應徵參加了英國海軍，並謀得了一個上尉的職位。喬治親自送哥哥登上戰艦。

在這次戰爭中，英方的主帥是維農海軍上將，他率領艦隊遠征西印度群島。勞倫斯所在的部隊多次參加戰役。在戰鬥中，勞倫斯表現英勇，多次立功，深得上司和戰友們的器重和讚賞。

（二）成長

當消息傳回維吉尼亞的家中時，在小喬治的心中，哥哥簡直就是個了不起的大英雄。從那以後，小喬治就喜歡和其他小朋友玩打仗的遊戲，模仿各種軍事操演。這些活動大大增強了他的體質，鍛鍊了他的軍事體育技能。在學堂中，喬治的長跑、拳擊、游泳等技能，都要比其他孩子技高一籌，因此也成了霍比學堂的「總司令」。

一七四二年秋，英西之戰結束，軍人們都紛紛返鄉。維農上將對勞倫斯的印象極好，曾主動表示要將他安排到海軍部門任職，可謂前途無量。這也是勞倫斯一直夢寐以求的機會，可是在關鍵時刻接連發生了兩件大事，讓勞倫斯不得不放棄這一難得的機會。

一件事是勞倫斯愛上了費爾法克斯郡的威廉．費爾法克斯先生的女兒安妮，並與她訂了婚。他對這樁婚事很重視，自然無心遠渡重洋求取功名了。

另外一件事是當勞倫斯與安妮準備結婚時，他的父親奧古斯汀突患急症，腹內劇痛不已，不久就猝然離世，年僅四十九歲。這一年是一七四三年四月十二日。

奧古斯汀去世後，留下了一大筆可觀的遺產，勞倫斯分得了波多馬克河兩岸的莊園及其他不動產和鐵廠的若干股份，次子奧古斯汀則分得了威斯摩蘭郡的老房子和莊園。瑪麗所生的子女也都各獲所得，喬治成年後可以獲得拉帕漢諾克河畔的房產和土地。這年，喬治才十一歲。

七月，勞倫斯與安妮小姐舉行了婚禮，從此完全斷了到國外服役的念頭，在莊園裡定居下來。他將自己分得的波多馬克河兩岸的莊園改名為維農山莊，以紀念那位十分器重他的海軍上將。

（三）良好的教養

父親去世後，勞倫斯對喬治更加愛護，雖然喬治當時已經轉到博尼塔溪莊園，師從威廉斯先生，但勞倫斯經常邀請喬治到維農山莊玩。喬治也很喜歡維農山莊，因為在那裡他可以聽哥哥勞倫斯一個接一個地講述緊張激烈的戰爭故事。

一七四七年秋，喬治正式搬到維農山莊居住。從此，在維農山莊的生活對他的一生產生了重大的影響。

（三）良好的教養

由於勞倫斯的關係，喬治在維農山莊結識了威廉．費爾法克斯一家。費爾法克斯一家居住在一個名叫貝爾沃的美麗莊園，離維農山莊僅隔數英里，同在波多馬克河畔的一條樹木蒼鬱的山嶺上。

勞倫斯的岳父威廉．費爾法克斯出生於英國約克郡的名門望族，受過良好的教育，知識廣博，閱歷豐富。他二十一歲時就從軍征戰，在東印度群島和西印度群島服役，功勛卓著。幾年前，他來到維吉尼亞定居，以便照應他的堂兄費爾法克斯勛爵的大片莊園。在貝爾沃，威廉．費爾法克斯仍然保持著他那副英國鄉村紳士的氣派，他的孩子們也都很聰明，一個個舉止高雅，深有教養。

在與費爾法克斯一家的交往中，喬治也漸漸養成了一些良好的習慣，學會了一些英國上流社會的道德理念、禮儀典章及溫文爾雅的風度等。喬治出生於北美、成長於北美，一直在還保留著原始野性的環境中生活。透過這些交往，他對歐洲的文明有了深刻的體驗。

喬治還曾抄錄過一本名為《待人接物行為準則》的小冊子，其中共有一百一十條準則，規定非常細緻瑣碎。例如，在與朋友交往時，每個動作都要表現出對面前夥伴的尊重；不要在別人面前哼小調唱歌；不要打探別人的私事；不要在餐桌上剔牙；等等。這本小冊子說明，喬治．華盛頓從小就很嚴格地要求自己，注意自己的行為舉止，講究禮儀，具有強烈的道德觀念。成年後，華盛頓甚至經常引用這些格言來教育自己的孩子們。

在維農山莊居住期間，喬治一方面領受哥哥勞倫斯的教誨和薰陶，一方面繼續在學校就讀。這個時期，他對數學十分鍾愛，同時又對另一門新的學科——土地測量學產生了濃厚的興趣。當時的北美，經濟正處於初期發展階段，土地的開發使用在經濟生活中占據十分重要的地位，因此土地測量便成了當時最為熱門的應用學科之一。能成為一名土地測量員不僅有優厚的待遇，還頗受人尊重。

喬治的數學功底不錯，學習又十分認真刻苦，因此很快就掌握了這門技術。在進行測量工作時，他還養成了認真細緻和持之以恆的工作態度，不論工作多麼艱苦，他都能從容不迫、有條不紊地完成工作。對此，哥哥勞倫斯驚喜地稱讚他說：

「僅僅這一種精神，本身就能夠創造出奇蹟了！」

在與費爾法克斯一家的交往中，喬治逐漸得到了威廉．費爾法克斯爵士的賞識，並因此結識了威廉．費爾法克斯的堂兄托馬斯．費爾法克斯勛爵一家，與他們結下了深厚的友誼。

這時的費爾法克斯勛爵已經年近花甲。他早年曾就讀於牛津大學，具有廣博的知識和經驗，閱歷十分豐富，曾進行過多次探險旅行，還從過軍，擔任過幾年的地方官吏。晚年後，他到貝爾沃定居下來。

與費爾法克斯勛爵同住的，是他的長子喬治·威廉·費爾法克斯，以及他的新婚妻子。喬治·威廉·費爾法克斯曾在英國留學，一七四八年十二月回到維吉尼亞後，與漢普頓的凱里上校之女薩莉結婚，然後同父親一起住在莊園。

這時的喬治還不滿十六歲，卻比同齡的孩子早熟得多。他有著魁梧的身材，健壯的體格，富有男子漢的氣魄和溫文爾雅的風度，因此也贏得了不少女士的青睞。自然，喬治也春情萌動，開始墜入初戀的愛河。他愛上的第一位姑娘是被稱為「低地美人」的威斯摩蘭郡的格蘭姆斯小姐。據說喬治對她一見鍾情，可格蘭姆斯小姐卻只將他看成一位小學生，而他自己又害羞靦腆，不善表達，結果他只能將這份真摯的感情埋在心裡。

此後，他又愛上了喬治·威廉·費爾法克斯的妻妹凱莉。但是，一想到過去的失戀，他就沒有了再次表達的勇氣了。

在愛情上屢遭失敗，讓喬治倍感難過。不過很快他就發現，與費爾法克斯勛爵的來往可以更容易醫治自己失戀的苦痛。勛爵喜歡獵狐，經常邀請喬治一起去狩獵，獵狐成了他們共同的愛好。

在獵狐過程中，勛爵發現喬治和他一樣，有著嫻熟的騎術，發現獵物後馬上能快馬加鞭衝上去，對獵物窮追不捨，因而很喜歡這個膽識過人的小夥子。

正是在這種狩獵過程中，培養了華盛頓跟蹤追擊的愛好，並在以後的戎馬生涯中得到了充分的發揮。同時也正是他與費爾法克斯勛爵的情誼，令他在今後的人生道路上邁出了堅實的第一步。

George Washington

第二章　年輕的土地測量員

要努力讓你心中的那朵被稱為良心的火花永不熄滅。當你的心靈感到滿足，不再有所希求時，你就找到了真理。

——華盛頓

（一）從軍受阻

隨著年齡的增長和視野的開闊，喬治．華盛頓逐漸對自己的生活現狀產生了一絲憂慮。他覺得，自己目前的生活雖然比較快樂充實，但生活的空間卻太狹隘了，而且過於安逸悠閒，缺少令人渴望的刺激和衝動。華盛頓開始暗暗地考慮起自己的前途來。

開始時，華盛頓想像哥哥勞倫斯一樣，去海軍服役。他覺得海上生活雖然艱苦，但這種冒險的生活方式很適合自己的性格，同時還是一種不錯的鍛鍊和挑戰。哥哥勞倫斯也同意他這樣做，他覺得：華盛頓頭腦靈活，身體強健敏捷，還受過不錯的教育，是一塊當水兵的料，一定能在海軍中成就一番事業。這不僅可以告慰天堂中的父親，還能完成自己當年未竟的事業，彌補自己心中的一塊缺憾。

因此，勞倫斯寫了一封熱情洋溢的推薦信給他在海軍中的老上級，並和華盛頓一起設法說服華盛頓的母親瑪麗。

在勞倫斯的多次遊說和華盛頓的央求下，瑪麗也有點動心了。但她卻沒有馬上表態，而是暗中進行了一番調查。經過權衡利弊，她覺得當一名水兵不僅收入

(一) 從軍受阻

微薄，還經常受長官的欺壓，也很難混出什麼名堂。如果在家裡本本分分地經營莊園，憑華盛頓的才華，全家人很容易就能過上富足的生活。所以她最後給出的結果是：

「不必自討苦吃！」

面對母親的反對，華盛頓很無奈。雖然他與母親的關係不算和睦，但他卻不願意傷母親的心。就這樣，華盛頓的雄心壯志暫告擱淺，機遇失之交臂。

母親瑪麗這一次的剛愎自用恰似歪打正著，改變了喬治·華盛頓整個人生的命運，扭轉了他一生事業的軌跡。所謂塞翁失馬，焉知非福！

歷史的玄妙也正在於此：一個機會失去了，另一個機會往往會不期而至。正是因為沒有參加海軍，華盛頓與另外的一次機會相遇了。這也是他與費爾法克斯勛爵的友誼所產生的一個重要結果。

費爾法克斯勛爵到維吉尼亞定居有一個重要目的：他在維吉尼亞所繼承的領地中，有相當一部分位於蘭嶺以西的荒野中，那裡大片的領土都尚未勘察測量，其中不少土地已被非法的「占地人」所占領，種上了農作物。因此，勛爵希望能僱請土地

第二章　年輕的土地測量員

測量員對這些土地進行一番考察和測量，並登記造冊，以便進行合理的開發和利用。

然而，這是一項十分困難和危險的工作，因為那裡地形複雜，環境險惡，「占地人」又非常野蠻凶悍，還時常有武裝的印第安人出現。在物色人選時，勛爵看中了他的獵伴華盛頓。他認為，華盛頓雖然年輕，但體格健壯，遇事英勇果斷，且能吃苦耐勞。更重要的是，他看到過華盛頓在維農山莊做的測量工作手冊，對這位年輕人的測量技術深信不疑。雖然這時的華盛頓才只有十六歲，但卻是最佳的人選。

當勛爵向華盛頓提出這一要求後，華盛頓欣然接受。這不僅因為他本人對測量工作興趣濃厚，還因為他想藉機到神祕的西部去看看，那裡對他簡直是一種強大的誘惑。

一七四八年三月十一日，維吉尼亞雖然寒意猶存，但已經有了些許春的氣息。大地開始復甦，起伏綿延的山嶺上也漸漸有了綠色。剛滿十七歲的喬治．華盛頓在喬治．威廉．費爾法克斯的陪同下，騎馬挎包，前往西部進行勘查。這一天，成了華盛頓獨立生活的起點，也成為他通向偉人之路的發端。

（二）首遇印第安人

華盛頓和喬治．威廉．費爾法克斯地第一站是費爾法克斯勛爵的管家（土地經管人）和耕種土地的黑奴在曠野中的住所，華盛頓稱其為「勛爵的住所」。這個住所距離雪蘭多亞河很近，距離現今的溫切斯特城所在地大約十二英里。

華盛頓記有詳細的日記。在日記中，他帶著愉快的心情談到了這一帶的樹木多麼美麗，土地多麼肥沃；還談到他在雪蘭多亞河岸上穿過壯觀的糖槭樹灌木叢的情景。

他在雪蘭多亞河和波多馬克河的匯流處上游不遠的地方，從河谷底部開始測量，測量的範圍沿著雪蘭多亞河河道延伸數英里。那裡，到處都是非法墾荒者和吃苦耐勞的先驅們開墾的小塊土地，他們用最原始的耕作方法種植了大量的穀物、大麻和菸草等。但是，文明卻沒有進入這個河谷。在華盛頓的日記中，有一篇關於他某晚在墾荒者海特上尉家中過夜的記載，就足以說明這一點。

海特上尉家在今天的溫切斯特城附近。晚飯後，那裡的大多數人都按照森林居民的習慣，圍著篝火躺下來，華盛頓則被引入臥室。

第二章　年輕的土地測量員

忙了一天後，華盛頓感到很疲憊，很快就脫下衣服準備睡覺。可是，他的床上只鋪了一張草蓆，上面蓋著一條爬滿臭蟲的破毯子。他在床上翻來覆去都睡不著，只好重新穿起衣服回到篝火邊。

這是華盛頓第一次在礦野中的生活經歷。從此後，再遇到類似的情況，他都寧願在露天的篝火邊睡覺，也不到那些拓荒者的屋子裡過夜了。

次日，華盛頓完成了此處的測量工作後，準備去波多馬克河南岸的一條支流處測量。但當他們沿著河谷走到波多馬克河時，由於下大雨，河水上漲了，根本無法穿過。

等了幾天後，河水依然沒有退去，華盛頓他們只好找來一條獨木舟，乘坐著渡到對面的馬里蘭境內，然後沿河而上。由於陰雨連綿，道路濕滑，華盛頓等人只能艱難地策馬前行。據他的日記記載，他們走的道路是人畜走過的最糟糕的道路。最後，他們終於走到了克雷薩普上校的家中。在那裡，由於狂風暴雨不斷，他們又停留數日。

三月二十三日這天，雲消雨停，華盛頓等人整理好行裝準備啟程。忽然，一隊

（二）首遇印第安人

印第安人出現在他們面前，這引起了華盛頓極大的興趣。

這是一支印第安人的戰爭宣傳隊，共有三十人。他們的手裡拿著帶髮的頭皮，一副奇特的打扮。從來沒有見過印第安人的華盛頓，用十分驚奇的目光打量著他們。為了表示友好，華盛頓還將自己的一壺酒拿出來送給他們喝，而印第安人則立即給予華盛頓熱情的回報：跳起了奇怪的戰鬥舞蹈。

他們很快就清理出一塊場地，在中間點起篝火，然後武士們個個披掛戎裝，嚴陣以待。先是一位貌似頭領的人站出來演說一番，講話一結束，武士們一個個都好似大夢初醒一般，一躍而起，在鹿皮鼓中表演一系列奇怪而富有戰鬥氣息的複雜動作，同時還發出一陣陣陰森恐怖的叫喊聲，令旁觀者不寒而慄。

在過慣了邊疆生活的華盛頓的同伴們看來，這些野蠻的嬉戲一點也不新奇。可對剛剛離開家園的華盛頓來說，一切都充滿了新鮮感。他坐下來，滿懷興奮地看完了這場奇特的舞蹈，並在當天的日記中詳細地作了描述。

這次野外測量的奇遇，使華盛頓對印第安人的性格有了初步了解，這也為他今後與印第安人交往打下了基礎。

第二章　年輕的土地測量員

一轉眼，華盛頓在弗雷德里克縣的荒涼山坡和波多馬克河南岸已經度過了兩個多星期。期間，他和夥伴們風餐露宿，常常靠獵取野火雞等充饑，生活過得十分艱苦。每遇到暴風雨，他們留宿的帳篷都被掀翻，一個個淋得像落湯雞一樣。一次，華盛頓睡覺的草蓆還被篝火燒著了，幸好同伴及時提醒，才讓他免受皮肉燒傷之苦。

在完成了土地測量之後，華盛頓一行離開波多馬克河南側的支流，返回家中。一七四八年四月十二日，華盛頓回到維農山莊。

隨後，華盛頓便整理出一份土地測量報告書送交給費爾法克斯勛爵。勛爵對華盛頓在這次艱苦的野外作業中的表現和他提出的關於土地測量的報告書十分滿意。不久，勛爵便越過蘭嶺，移居到華盛頓勘測歷程的第一站。在那裡，他建立了一座莊園和一幢名為「綠路園」的別墅。

與此同時，勛爵還向政府有關部門推薦華盛頓為正式的土地測量員。而首次的測量成功也讓華盛頓這位初出茅廬的年輕人受到了很大的鼓勵。他更加熱愛土地測量工作，並希望自己能夠在這方面發揮才華。

（三）學習戰爭技巧

華盛頓擔任了三年的政府土地測量員，這個職業也給他帶來了豐厚的報酬。不過由於政府測量員很少，需要測量的土地又廣袤無垠，華盛頓在擔任政府測量員期間，工作十分忙碌。他經常需要翻越蘭嶺，深入到廣袤而神奇的西部地區進行勘察測量。期間，他經常以天為被，以地為床，風餐露宿，在星光下、篝火旁度過一個個寂寞的長夜。

在測量途中，華盛頓經常路過費爾法克斯勛爵的綠路園，每次他都要到勛爵那裡住兩天。碰上狩獵的季節，他還會和勛爵一起騎馬出去狩獵。勛爵見多識廣，閱歷豐富，經常會講述歐洲上流社會的趣聞軼事給華盛頓聽。而且，勛爵還有著很高的文學造詣，過去與歐洲上流社會和歐洲最優秀的作家都有過來往。所以，對華盛頓這個涉世未深的年輕人來說，勛爵的話充滿了趣味和教益。從華盛頓的日記中得知，他在綠路園小住期間，一直都在孜孜不倦地閱讀勛爵推薦給他的一些有關英國歷史的書籍和《旁觀者》雜誌上的一些文章。

由於華盛頓的測量技術高超，測量結果總是十分準確，而且待人誠懇公允，所以慕名前來求助者甚多，這也給他帶來了豐厚的收入。在通常情況下，他一個月的薪水可達到一百多英鎊。照這樣推算，他在三年內的工作收入是十分可觀的。他用這筆錢給母親建了一所新居，其餘的錢大部分都用來購買土地。到一七五零年，華盛頓就購進了一千五百英畝的上等可耕地，這完全是他用自己的辛勤勞動換來的財富。這個不滿二十歲的小夥子，已經成為一名大地主了。

就在華盛頓在維吉尼亞西部進行艱苦的土地測量時，英法兩國在美洲的爭奪戰日趨加劇了。由於一七四八年奧地利王位繼承戰爭結束時簽訂的《亞琛和約》中間沒有明確劃定英法兩國在北美洲的領地邊界，從而為兩國埋下了戰爭的種子。

雙方爭奪最激烈的地區是亞利加尼山的西部，包括從大湖區到俄亥俄河流域。這裡幅員遼闊，氣候溫和濕潤，土地肥沃，交通便利。因此，英法兩國都聲稱自己對這裡擁有主權，戰爭一觸即發。

這一地區對法國具有重要的策略意義，因為它是聯繫法國在加拿大和路易斯安那各屬地的一個環節，法國在美洲的整個帝國安全都在於它能否守住此地。

同樣，這個地區對英國也很重要，尤其是對於維吉尼亞的種植園主和賓夕法尼

（三）學習戰爭技巧

亞商人。因為俄亥俄地區盛產皮毛，並有廣大的耕地，維吉尼亞和賓夕法尼亞商人都逐漸轉向該地區發展。一些富有的種植園主，如費爾法克斯、納爾遜、勞倫斯·華盛頓等人組成了俄亥俄公司，在維吉尼亞皇家總督和倫敦商人亨伯利的支持下，該公司在一七四九年獲得了英國政府的許可，並賜予俄亥俄河兩岸二十萬英畝的土地。如果七年內能在原土地基礎上發展到一百戶殖民的話，可再獲贈三十萬英畝。當俄亥俄公司正準備向被賜予的土地殖民時，法國人推進了這個地區。

此時，勞倫斯·華盛頓獲得了一次極好的機遇。一七五零年十一月，俄亥俄公司的主席托馬斯·李因病去世，勞倫斯繼任其職務，同時還擔任民團副官長。為了讓弟弟喬治·華盛頓在即將發生的戰事中一展宏圖，他將原本寧靜安逸的維農山莊變成了一所熱鬧的軍事學校，並請與他一起參加過西印度群島戰役的朋友慕斯給華盛頓傳授各種作戰技術，指導他學習步槍操練，還請另外一位戰友雅各布·范·布拉姆傳授華盛頓劍術。

（四）哥哥過世

就在華盛頓與哥哥勞倫斯準備一起大展宏圖幹一番事業之時，一件不幸的事情發生了：剛剛上任的勞倫斯健康出現了問題，醫生診斷他患上了肺癆病。這在當時可是個不治之症。

華盛頓歷來就與哥哥勞倫斯感情深厚，一聽說哥哥患病後，他馬上放下手裡的工作，準備帶哥哥外出休息療養。一七五一年九月，華盛頓陪護哥哥來到了四季如春的西印度群島巴貝多療養。

在陪護哥哥勞倫斯療養期間，華盛頓自己不幸又染上了天花。這也是一個要命的傳染病，幸好華盛頓體質強健，在足足病了一個月後，才逐漸恢復過來，但從此他的臉上就留下了隱約的麻子點。

勞倫斯在西印度群島的治療並沒什麼起色，便又打算到更遠的百慕達去療養。這一次華盛頓沒有跟哥哥一起去，而是單獨返回維吉尼亞。

一七五二年一月，華盛頓從巴貝多回到維吉尼亞後，聽說新任的維吉尼亞總督

（四）哥哥過世

羅伯特·丁威迪已就職，便憑著一股衝勁直接前往威廉斯堡，拜訪了這位對他未來政治前途產生重要影響的人物，表示自己願意投身軍界，為維吉尼亞的勝利貢獻力量。丁威迪先生親自接見了這個年輕人，這也是他們一系列交往的開始。

六月十日，華盛頓聽說維吉尼亞一位民團副官因婚姻關係前往馬里蘭，決定抓住這個機會進入軍界，實現自己少年時期的夢想。因此，他立即向丁威迪總督寫信自薦，希望能得到維吉尼亞北峽地區民團副官之職。

恰在此時，勞倫斯返回維農山莊。原來，勞倫斯去百慕達後，本來打算在那裡休養一年。如果病情有所好轉，就呆到痊癒再返回。可一段時間後，病情有增無減，這讓他預感到死神已經降臨，遂中斷休養，於一七五二年六月十六日返回維農山莊。

六月二十日，勞倫斯匆匆立下了一份遺囑，由於他只有一個女兒，年齡尚幼，遺囑中表示：如果女兒今後沒有子嗣，維農山莊及其他財產都由他的弟弟喬治·華盛頓繼承。

同時，當他得知華盛頓意欲進入軍界的要求後，立即給予支持，並利用自己作為一名維吉尼亞民團副官的身分和影響，向軍方當局推薦華盛頓。由此可見，勞倫斯對弟弟喬治．華盛頓的情誼之深重。

可惜的是，事情還未完結，七月二十六日，勞倫斯便病故在維農山莊，年僅三十四歲。

勞倫斯對華盛頓的人生道路產生的影響是不可計量的。他不僅給華盛頓留下了大筆的物質財富，更重要的是，他將自己的人生經驗、軍事知識和高貴的人格也都毫無保留地傳遞給了華盛頓，使他從一個北美荒野中土生土長的幼稚頑童成長為一個有才學、有抱負、前途無量的傑出青年。

另外，勞倫斯所獲得的社會地位也為華盛頓日後躋身上流社會、進而成為殖民地社會名流打下了堅實的基礎。勞倫斯生前是俄亥俄公司的股東，他去世後不久，其股份就轉到華盛頓名下。

在勞倫斯去世後，維吉尼亞行政當局遂決定接受華盛頓的請求，任命他為維吉尼亞南區民團副官，負責整個詹姆斯河和北卡羅萊納邊界之間的地區。

一七五三年二月二日，華盛頓正式宣誓就職。從此，華盛頓利用這些優越的條件和這個特殊的職位在軍界嶄露頭角，開始了他漫長的軍事生涯。

（四）哥哥過世

第二章　年輕的土地測量員

George Washington

第三章　投身軍界

我希望我將具有足夠的堅韌性和美德，藉以保持所有稱號中，我認為最值得羨慕的稱號是：一個誠實的人。

——華盛頓

（一）嶄露頭角

一七五二年底到一七五三年初，英法兩國在俄亥俄流域都加緊了行動。尤其是法國人行動更快，氣焰也咄咄逼人。他們多次重申法國對俄亥俄地區享有的絕對主權，並不斷將前哨陣地沿俄亥俄河向前推進。

為擴大自己的勢力，孤立打擊英國人，法國人還派出許多冒險家當說客，挑唆印第安人站在法國人一邊，採取敵視孤立英國的立場。對那些堅持親英立場的印第安部落，法國人則採取野蠻的驅趕和屠殺政策。一時間，俄亥俄河畔狼煙四起，哀鴻遍野。

一七五二年底，有消息稱：法國人正在籌劃一次大行動，準備從路易斯安那至密西西比河沿岸建立一系列的軍事哨所，將這一地區與加拿大連成一體，把英國人困死在亞利加尼山中。一七五三年春，一支一千五百名法軍組成的軍隊在伊利湖南岸登陸，開始修築據點，方向直指俄亥俄地區。

壞消息不斷傳到維吉尼亞，丁威迪總督坐臥不安。如果法軍繼續南下，俄亥俄地區就會落入法軍手中，這不僅對英國在北美地區的殖民擴張是個致命打擊，對俄

（一）嶄露頭角

亥俄公司股東之一的丁威迪總督來說也是個巨大損失。他決定向法軍提出書面交涉，派一名特使向法軍方面提出書面抗議，警告法國人不要魯莽行事，給他們的冒險行為以當頭棒喝。同時途中還要觀察作戰地形，刺探法國的兵力部署，尤其是能摸清法軍後續支援部隊的動向。

但是，派誰去完成這一重要使命呢？

這是一次重大而艱難的使命，事關和、戰大局，何況路途崇山峻嶺，自然環境險惡，加之印第安人此時態度反覆不定，稍有不慎就有生命之虞。前些時候曾派人去過法軍司令部，結果使者懾於法軍的陣勢，還沒到目的地就跑回來了。因此，使者必須具備勝任長途跋涉的強壯體格和頭腦靈活、善於應變的本領，還要善於與野蠻的印第安人打交道。

華盛頓聽到這個消息後，認為這是自己嶄露頭角、爭取榮耀的絕好機會，因此決定寫信向總督請纓前往。

當時的華盛頓還不到二十二歲，顯然這個年輕人的勇氣讓丁威迪總督既吃驚又佩服，因此他請華盛頓來到總督府，與他進行一席長談，然後當即決定：授予喬治．華盛頓少校職務，擔任出使法國司令部的重任。

接受命令後，華盛頓聘請了嚮導、翻譯、醫生、顧問等隨行助手六名，並做好了充足的物資準備，帶了贈送給印第安人的禮品，購置了馬匹、帳篷、食物、藥品和日用品等。一七五三年十一月十五日，華盛頓一行七人從威廉斯堡啟程，向法軍駐地伊利湖進發，其間距離不少於一千六百公里。那時的北美交通閉塞，沒有舟車之利，只能以馬匹代步。

當時正值初冬季節，已經下了雨夾雪，河流開始冰凍，沿途的艱辛可想而知。他們一路馬不停蹄，經過弗雷特列克斯堡，翻越蘭嶺，穿過海拔一千七百公尺的高原，走出暗藏危機的沼澤地帶，幾乎每前進一英里都要付出很大的代價。

十一月二十三日，華盛頓等人行至亞利加尼河畔。在這裡，華盛頓逗留了半天，仔細觀察了河流兩岸的地形地貌，並用土地測量員和軍人的眼光對該地形做了詳細的分析和記錄。華盛頓認為，這是法軍南下的必經之路，也是英法兩軍未來必爭的策略要地，同時也是阻止法軍入侵的最佳設防點之一。只要占據這個制高點，法軍就休想渡過亞利加尼河。華盛頓的這一發現後來曾為英軍的策略部署造成了重要作用。

當天晚上，他們到達了印第安人德拉瓦部落的一個部落中，拜訪了該部落的酋長辛吉斯。經過艱苦的談判，華盛頓終於說服辛吉斯接受了他的建議，一起前往羅格斯會見印第安人的「王中王」——亞王，共商防禦法國人的大計。

十一月二十四日晚，華盛頓一行來到羅格斯，碰巧亞王外出狩獵去了，他們便在羅格斯暫時住下來。

十一月二十六日上午，華盛頓正在等亞王歸來，忽然一群準備前往費城的法國逃兵進了村子。經過詢問，華盛頓從他們口中得知，法國當局已派遣一支一百餘人的部隊乘坐八艘滿載糧食的小船從南方的新奧爾良沿密西西比河北上，向羅格斯推進，企圖從伊利湖南下的法軍回合。目前法軍已在新奧爾良和伊利諾之間建立多個據點，透過這些據點與大湖區保持聯繫。華盛頓立即將這些情報記錄下來。

（二）會見印第安領袖

下午，亞王終於回來了，華盛頓立即帶人正式拜訪。經過短暫的交談，華盛頓覺得亞王是一位精力旺盛、膽識過人且頭腦敏捷的印第安領袖，因此在印第安部落中享有很高的威望。

在會談中，亞王採取了友好和積極合作的姿態，向華盛頓介紹了法軍的最新情報，並拿出了他親自繪製的路線圖，指明了去法軍據點的走向和最佳路線。從會談中，華盛頓還掌握了一個重要訊息：亞王與法國人之間有著刻骨的仇恨，因為法國人曾殘忍地殺害了他的父親。

第二天上午，華盛頓參加了印第安部落各酋長舉行的議會。會上，他告訴酋長們，法國入侵俄亥俄地區，無論是印第安人還是英國人，都會受到侵害。因此，他希望印第安人能為他提供「最好的和最近的」行進路線，以便抗議法軍的入侵行為。同時，他還向酋長們獻上了印第安人外交禮節中不可缺少的友好象徵——一串珠貝。

華盛頓的誠懇態度打動了印第安酋長們，亞王最後代表俄亥俄印第安人三部族向華盛頓保證，他們將與英國人站在同一戰線上，斷絕與法國人的來往。亞王還安排三部落各派三名代表與華盛頓同行，一起北上前往法軍據點維納吉。

（二）會見印第安領袖

三天後，華盛頓在印第安代表的陪同下出發前往法軍據點。一路上，天氣十分寒冷，風雪交加，道路崎嶇泥濘。幸好有印第安人引導，才避開了許多危險。直到十二月四日，他們才到達維納吉。

維納吉是一座舊式的印第安人村鎮，坐落在亞利加尼河與法蘭西溪的交匯處。剛到這裡，華盛頓一眼就看到了高高飄揚的旗杆上的法國國旗。他顧不上休息，立即來到法軍據點，但令他失望的是，出現在他面前的是三位喝得醉醺醺的法國軍官。沒辦法談判，華盛頓只能等待。

十二月七日，法軍才派出三名士兵護送華盛頓一行前往伊利湖以南十五英里的法軍司令部柏夫堡。直至十一日晚，他們才抵達目的地。

可是，由於法軍指揮官外出未歸，法國方面的接待人員不能對華盛頓帶來的信函給予答覆，所以華盛頓等人只得繼續留在這裡等候。這讓華盛頓感到很煩躁，可轉念一想：這不正是偵查敵情的好機會嗎？

於是，他不動聲色地暗暗對柏夫堡的情況進行了一番周密的偵查。柏夫堡地形複雜，背靠大山，三面環河，易守難攻。堡的四周還建有四排牢固的房屋，構成了堅實的外圍。堡上到處都是射擊孔，炮手和搶手在那裡嚴陣以待。堡內設施齊全，除作戰陣地外，還有醫療室、軍械庫等。

三天後，法國指揮官回到柏夫堡，正式會見了華盛頓。雙方都闡明了各自的立場，法軍表示法國對俄亥俄地區擁有絕對主權，而華盛頓也闡明了英國當局的立場，但彼此都是命令的執行者，無權做出決策。華盛頓以非常尊敬的口氣要求法指揮官給予回函，在覆信中，法國指揮官的口吻也客氣了許多，委婉地表示會將丁威迪總督的信件轉交給他的上司。最後，雙方友好地握手告別。

向法國人順利地遞交完文書後，華盛頓懷著喜悅的心情踏上歸途。然而，天氣突然變得惡劣起來，狂風驟起，大雪斷道，他們花了整整六天時間才返回維納吉，可是馬匹一路上已經全部凍壞了，不能再繼續使用。無奈之下，他們只能徒步在齊腰深的雪地裡走了數百英里返回故里。

一七五四年元旦，華盛頓越過蘭嶺。一月十六日，經過一路的艱難險阻，華盛頓一行終於返回威廉斯堡，將法方的覆函面交丁威迪總督。此時，離華盛頓出發之日已經過去兩個半月之久了。

（三）初次領軍

丁威迪總督在看到華盛頓帶回的法方回函後得出結論：英法之間的武力衝突已是勢在必然。他馬上命令華盛頓就這次旅程中的所見所聞起草一份書面報告，提交維吉尼亞行政委員會討論。華盛頓根據自己的日記見聞整理出一份七千餘字的「旅途報告」。該報告後被丁威迪總督以《俄亥俄日誌》之名正式出版，並呈送給倫敦英國政府。

根據華盛頓提供的情報，丁威迪總督和其他行政委員深信，法軍準備在這一七五四年春季沿俄亥俄河順流而下，以軍事手段占領俄亥俄地區。於是，丁威迪總督決定以武力手段來應對法國人的舉動。他迅速派威廉·特倫特上尉趕往邊疆，招募一百名新兵，建立連隊，然後全速趕往俄亥俄河岔口，以最快的速度完成俄亥俄公司在那裡修築的碉堡；派華盛頓到亞歷山卓招募新兵，建立連隊，為俄亥俄岔口的碉堡採購和運送軍火及補給，並擔任兩個連隊的指揮官。

華盛頓在接受使命後，興沖沖地前往亞歷山卓，在那裡設立了總部，開始招兵買馬，可是募兵工作卻進行得並不順利。

北美殖民地的民團是招募志願人員，有錢人不願當兵，農民也不願當兵，當兵的大多是些無業遊民或無家可歸之人，圖的也是吃飯和報酬。結果一週後，華盛頓只招到了二十五人。

華盛頓明白了其中緣由，唯一的解決方法就是要求當局提高士兵待遇，透過物質利益的誘惑才能募集到兵員。這時前方恰好又有消息傳來，稱一支裝備精良的法國軍隊正向有爭議的地區開進。丁威迪總督無奈，只好宣布：俄亥俄地區二十萬英畝的土地將分配給參加遠征軍的軍官和士兵們，同時還免除他們十五年的租稅，每天發給全體官兵十五磅菸草作為津貼。

重賞之下，必有勇夫，何況那二十萬英畝的土地獎賞只有趕走法國軍隊才能兌現，於是許多農家子弟紛紛報名參軍，華盛頓的軍隊迅速壯大起來。

正當華盛頓緊鑼密鼓地進行軍事準備時，緊急的軍情一個接一個地從俄亥俄地區傳來，四百名法軍正向俄亥俄地區進攻，形勢十分嚴峻。丁威迪總督決定立即採取軍事行動。他將募集來的三百名新兵分為六個連隊，並將總指揮的重任交給一個英國紳士喬舒亞·弗萊伊上校。

（三）初次領軍

三月二十日，丁威迪總督又寫信通知華盛頓，正式任命華盛頓為這支新部隊的副總指揮，領陸軍中校銜。丁威迪總督告訴華盛頓，法國人即將進入俄亥俄地區，他必須先率領兵員攜帶大砲和軍用物資先行一步，前往俄亥俄地區，費來伊上校將率領餘部隨後趕到。一種神聖的榮譽感和謀取功名的激情，讓華盛頓大喜過望。他當即表示：要為國家和國王效忠盡責，以無愧於總督對自己的厚望。

一七五四年四月二日，華盛頓親自率領兩個連共一百二十名兵員從亞歷山卓出發，前往俄亥俄岔口的新堡壘。雖然華盛頓還沒有親身經歷過戰鬥，但他從兵書中得知，勝敗的關鍵在於時間和速度，他必須搶在法軍之前到達岔口地區，遲了就會陷於被動，丟掉岔口就可能丟掉俄亥俄地區。因此他帶領軍隊日夜兼程，與法軍展開時間和速度的競賽。

經過艱難的長途跋涉，華盛頓的部隊在第十天終於到達溫切斯特。在這裡，他繼續招兵買馬，擴大部隊人數，但作為當時最重要運輸工具的馬車卻遲遲不能徵集到，這讓華盛頓十分著急。最後，他不得不援用維吉尼亞的《民兵法》徵用馬匹和車輛，給馬匹和車輛的所有人發放證明書，持此證明書可向政府獲得補償。即便這樣，一星期後他們也才徵到了十輛馬車。而且，這十輛馬車的馬匹都年老體衰，通過陡峭的隘口時根本拉不動車，還要士兵們一起推。

四月十八日，部隊匆忙地從溫切斯特上路，繼續向西進發。雖然華盛頓一路上百般催促，可速度根本快不起來。

四月二十二日，華盛頓正在威爾斯溪等候車輛，駐守俄亥俄河岔口地區的一名英軍少尉匆匆來到華盛頓的駐地，稱法軍已經控制了俄亥俄河岔口地區。

華盛頓聞訊後立即召開了一次軍事會議，決定繼續推進到紅石溪口俄亥俄公司的貨棧，建立工事，等待援軍。在那裡，他可以嚴密地監視敵軍，及時了解對方的動態。因此，他派出了一支六十人組成的先遣部隊前去紅石溪拓寬道路，以便後續砲兵部隊趕到增援，四月二十九日，華盛頓率領一百六十人從威爾斯溪出發，很快就趕上了先前修路的部隊。他很懂得艱難時刻與部下同甘共苦的必要性，因此放下指揮官的架子，冒著連綿陰雨，與士兵們一起開山修路，一起踩著泥濘急速行軍。

然而，由於陰雨不斷，修路工程進展十分緩慢，即使全體官兵都出動，每天也只能推進四英里。直到五月九日，華盛頓的部隊才開到了距威爾斯溪二十英里的一個地方，名叫「小草地」。

（四）首戰告捷

就在華盛頓率領部隊千辛萬苦地穿山修路時，令人鼓舞的消息一個個傳來了：喬舒亞·弗萊伊上校已率一百多人到達溫切斯特；北卡羅萊納已派出三百五十人前來增援；新英格蘭開始派兵前往加拿大牽制法軍；印第安人首領亞王正率領五名勇士前來與華盛頓會面。五月十七日，丁威迪總督又從威廉斯堡來信通知華盛頓，稱從南卡羅萊納來的兩支英軍正規部隊已到達維吉尼亞，從紐約出發的兩個英軍正規軍連隊也將在不日內從水路抵達。

五月二十四日，華盛頓部隊行至一個名叫「大草原」的地方，挖掘戰壕，準備與法軍交火。這時亞王派人送來消息，說法國的兵力大約有八百人，其中一支約四百人的部隊正向華盛頓所部開進。

第二天，曾與華盛頓一同出使送抗議書的吉斯特先生也從附近的居民區趕來，稱在他周圍地區法軍偵查小分隊活動猖獗，但暫時還沒有查明英軍的準確位置。

華盛頓基本掌握了敵情，他馬上做出決斷：雖然敵強我弱，但出其不意地突然襲擊，吃掉一部分也是有可能的。他與亞王商量作戰方案，要求印第安部落給予配合。於是，華盛頓部隊制定了一個向法國人發起突然襲擊的協同作戰方案：華盛頓與他的部隊從右翼，亞王和他的手下人從左側，一起向敵人發起突襲。

一切安排妥當後，英軍於早晨七點左右行至法軍營地，將其團團圍住。華盛頓身先士卒，率領士兵從岩石後和樹林中向前推進。法軍發現英軍突襲，驚慌失措地開槍抵抗。華盛頓和他的部下處於最暴露的位置，敵人的火力全部集中在他們周圍，子彈從他們的身邊呼嘯而過。

雙方經過大約十五分鐘的對射後，法軍終於堅持不住，最後潰退。在這次戰鬥中，法軍死亡十人，傷一人，被俘二十一人，僅一人僥倖逃脫；而華盛頓的手下一人陣亡，三人受傷。在被俘的法軍當中，有所謂的法軍「外交使者」——實際上是個間諜——拉夫斯。

同時，英軍還從擊斃的法軍指揮官朱蒙維爾身上搜到一份文件，表明這支法軍的是一支間諜部隊，其主要任務是蒐集情報，偵查波多馬克河畔地區的道路、河流和其他地形情況，刺殺親英的印第安部落酋長等。它的危險性，要遠遠超過一支作戰部隊。

（四）首戰告捷

這也是華盛頓生平第一次參加戰爭，他真切地聽到了子彈從耳邊嗖嗖飛過的聲音，目睹了敵人和戰友在自己身邊流血倒下的場景，他經受住了戰爭的殘酷考驗。

這也是華盛頓生平指揮的第一場戰事，從戰役的決策、組織到現場指揮，全都是他一個人的傑作，他的卓越軍事才能也首次得以施展，並為殖民地人民所認識。

在荒蕪遙遠的北美洲腹地，打了這樣一場小規模、低強度的襲擊戰，出乎意料地竟然產生了轟動世界的效應。歐洲和北美的許多報紙都紛紛對其作了報導。敏感的新聞界意識到，這場總兵力不超過一百人的十五分鐘戰爭，很可能成為英法兩霸全面大戰的序幕。於是，小小民團中校華盛頓的名字一時間也成為報紙上的熱點，聲名鵲起。

盛名之下，其實難副。對一個年僅二十二歲的年輕人來說，榮譽似乎來得太早了一些。勝利當中也往往隱藏著失敗，成功之後也可能充滿了挫折。

第四章　打敗仗的英雄

自己不能勝任的事，切勿輕易答應別人；既經允諾，就必須實踐自己的諾言。

——華盛頓

（一）升任上校

在這次戰役勝利後，華盛頓並沒有陶醉在勝利的喜悅當中。從情報得知，法軍至少部署了一千名士兵向華盛頓駐地移動。華盛頓趕緊設法加強防備，並派出快使到威爾斯溪，要求當時正臥病在床的弗萊伊上校立即增設援軍。同時，他還向丁威迪總督告急，請求人力物力增援。

奇怪的是，法軍並沒有馬上發起攻擊。華盛頓嚴陣以待，敵人卻遲遲不來，這讓他反而有些忐忑不安了。由於法軍久候不至，華盛頓的部隊在固守待援中漸漸出現了糧荒，有一次竟然六天沒看到麵粉。接著，威爾斯溪又傳來壞消息：總指揮弗萊伊上校因病去世了。

一七五四年六月四日，丁威迪總督致函華盛頓，正式通知他晉升為上校軍銜，弗萊伊所部的一百多人馬都歸他指揮。就這樣，年僅二十二歲的華盛頓成為這支軍隊的總指揮，他覺得自己肩上的擔子更重了。

不過在接任總指揮後，華盛頓的工作有了主動權，他馬上按照自己的構想對部隊進行了全面整頓。

（一）升任上校

首先，他對軍事人員進行了調整，換掉了幾個不服從命令或表現不佳的軍官，大力表彰了一批在戰鬥中表現優異的士兵，並將他們提拔到重要職位上。例如，他將立有戰功的亞當·史蒂芬上尉擢升為少校，並委以重任。這一舉措在部隊中引起了不小的反響，激發了戰士們的戰鬥積極性，提高了部隊的士氣。

其次，他還帶領部隊對營地內的軍事工事進行擴建鞏固，在很短時間內建起了一座結構堅固、功能齊全的碉堡。由於建堡工作十分艱難，士兵們苦不堪言，就給碉堡取了一個「困苦堡」的名字。

不久後，弗萊伊所率領的舊部從威爾斯溪開來，華盛頓對其又進行了重新編制。弗萊伊舊部中的隨軍軍醫是詹姆斯·克雷克先生，華盛頓與他一見如故，此後這位軍醫成為華盛頓終生最親密的朋友之一。

不過，最令華盛頓頭疼的一件事就是獨立連的到來。在獨立連還未來之前，丁威迪總督就寫信通知華盛頓：麥凱上尉率領的一個獨立連很快將從南卡羅來納到達華盛頓駐地，提醒他要給予獨立連「特別的尊重」，以免引起不快。這種獨立連原由英屬北美各殖民地總督建立起來，由英王付給俸祿，軍官皆有國王直接任命，因而個個心高氣傲，根本不把地方的民團放在眼裡。

華盛頓清楚丁威迪總督「提醒」的含義，其實就是暗示獨立連可以不聽從華盛頓的指揮，這讓華盛頓很不快。獨立連的指揮官麥凱先生軍銜不過是一員上尉，職別比華盛頓低了三級，怎樣對他進行「特別的尊重」呢？說的直白一點，如果真打起仗來，到底是誰指揮誰？這不是爭奪名利的問題，若不明確，打起仗來後果將不堪設想。

儘管心中不悅，但華盛頓還是很禮貌地迎來了獨立連。麥凱上尉給華盛頓的第一印象很不錯，顯得很有教養，談吐溫文爾雅，頗有紳士風度。可一接觸具體問題，摩擦就出現了。第二天，華盛頓按常規派副官送去部隊的口令和暗號，麥凱上尉就擺起了「中央軍」的架子，表示要另建營地，自定口令暗號。還態度傲慢地聲稱：殖民地總督無權任命一個軍官來指揮英王陛下親自委任的上尉！

華盛頓雖然十分憤怒，但為大局著想，他強壓怒火，雍容大度地採取了息事寧人的態度，從而避免了事態的進一步惡化。

（二）初嘗敗仗

華盛頓在接任總指揮官之後，召開了一次軍事會議，對局勢的變化進行了分析，最後決定：在加強營地和後勤建設、鞏固英印聯盟的同時，繼續向紅石溪進軍，爭取在那裡駐紮下來，為下一步奪回俄亥俄河口地區做好準備。

為此，他還特意派出一支先遣部隊向紅石溪方向迂迴行進，沿途勘察地形，蒐集情報。華盛頓則率主力部隊隨後，一面修路一面前進。但獨立連不願意參加修路工作，華盛頓只好讓他們在營地留守。

六月十日，偵查員帶回情報，稱有九名法軍正朝困苦堡方向而來。神經一直處於高度緊張狀態的華盛頓誤將九名聽成了九十名，因此立即讓慕斯少校留守困苦堡，自己帶領一百五十名精銳士兵前往迎敵。結果令華盛頓大失所望，九十名法國士兵竟然變成了九名逃兵！

不過也不是毫無收穫，從這幾名法國逃兵口中，華盛頓獲得了一個可靠的情報：俄亥俄河岔口地區的堡壘已修好，並被命名為迪凱納堡。目前堡內有五百名守軍，兩週後可能有九百人到來。

華盛頓立即命令部隊就地修築戰壕，並派人通知先遣部隊和獨立連火速趕來回合。第二天早晨，三支人馬全部到齊，華盛頓主持召開會議，最終決定：部隊立即撤回困苦堡，利用那裡的防禦工事迎頭痛擊法軍。

七月一日，華盛頓率領終於返回困苦堡，但這時隊伍中出現了分歧：一部分人主張繼續撤退，以拉大與法軍的距離；但華盛頓看著一個個精疲力竭、勞累不堪的士兵，認為繼續長途撤退只能自己拖垮自己，他決定留在困苦堡，一邊修築工事，一邊等待援軍。

就在華盛頓緊張地為戰事準備時，他的印第安人盟友卻不辭而別了，這一下打亂了華盛頓的整個戰鬥部署。印第安人之所以離開，一是因為當時法強英弱的形勢已很明顯，印第安人對他們的盟友失去了信心；另一原因據說是華盛頓對印第安人不夠尊重，亞王對華盛頓的某些做法不滿，認為華盛頓「缺乏經驗」，只知道「魯莽蠻幹」。

印第安人一離開，華盛頓的兵力就更弱了。就在華盛頓還沒重新配置好兵力時，法軍的主力部隊已經開來了。七月三日清晨，法軍大舉出動，近千名士兵將困苦堡圍得水洩不通。華盛頓急忙下令：所有能作戰的三百名士兵全部進入戰壕，對

（二）初嘗敗仗

敵人猛烈開火。

不久，大雨傾盆而下，本已精疲力竭的英軍士兵經不起幾個小時的雨淋水泡，紛紛喪失了戰鬥意志，而且許多彈藥也因受潮無法使用。但法軍由於沒有工事掩護，傷亡損失也很慘重。

晚上八點多，法軍派人傳話，建議英方派人前去談判，起初華盛頓拒絕了。但看到陣亡者的遺體和大量的傷員，突圍已經不可能了，繼續戰鬥下去結果可能全軍覆沒。

經過商議，華盛頓派出通曉法語的范．佈雷姆等三人前往談判。雙方經過討價還價，華盛頓終於在七月三日午夜秉燭簽署了「投降協定」。協定內容包括：英軍全部撤出困苦堡，並保證一年內不得再到法國國王的領土上修築任何建築物；英方必須留下兩名上尉軍官作為人質，直至英方將上次戰役中俘虜的二十一名法國軍人釋放為止；英軍在撤退時，可以帶走除大砲以外的軍用物資。

七月四日上午，華盛頓留下范．佈雷姆上尉和斯托波上尉充當人質，然後率領殘部撤出困苦堡。前不久還沉浸在大草原戰役勝利的喜悅之中的年輕上校，很快就墜入了失敗的羞辱和痛苦之中。

這次戰役的失敗，從反面給華盛頓上了極其重要的一課，讓他學會了怎樣正確面對挫折。後來在獨立戰爭初期屢戰屢敗的困境中，華盛頓都毫不灰心失望，而是屢敗屢戰，直至勝利。

(三) 重回軍職

從一七五三年十月奉命出征俄亥俄，到一七五四年七月困苦堡戰敗返回，華盛頓有一零個月的時間都處於高度緊張的戰爭之中，心力交瘁。尤其是一七五四年十一月，英國政府頒布了一條新條例：英王及英王在北美總司令所委任的軍官，其地位應在殖民地總督所委任的軍官之上；地方部隊軍官在與英王委任的軍官一起共事時，不以軍階論高低。

從表面看，英國當局頒布這個條例是為了消除正規軍與地方部隊之間在指揮權問題上的矛盾，但事實上，這是出於英國人狹隘的民族優越感和對殖民地的蔑視態度。因此，這一政策的發表極大地損傷了北美人民的尊嚴和他們對母國的愛戴之情。華盛頓也感到自己的自尊心受到了打擊，一怒之下，他辭去了軍職，從威廉斯堡回到了家鄉，過起了隱居生活。

（三）重回軍職

就在華盛頓在鄉下埋頭經營莊稼、不問政事的時候，他的大名已經引起大西洋兩岸的熱切關注了，他也成了國際矚目的新聞人物。

原來，在英法兩個回合的戰役中，彼此各勝一局，打成了平手，但雙方都不願握手言和，而是蓄意擴大事態，準備再次挑起爭端。因此，英國輿論界不僅沒有因華盛頓打了敗仗而責難他，反而還將他大大吹捧了一番。維吉尼亞報紙也歡迎華盛頓的安全歸來，並稱「我們勇敢的軍人依然活著回來，繼續為他的國王和祖國效勞」。

令人難以置信的是，法國也大肆宣傳華盛頓，只是角度有所不同，他們力圖透過宣傳華盛頓，將英國刻畫成一個陰險狡詐的侵略者。英吉利海峽對岸的法國報刊發表了部分華盛頓失落在困苦堡的私人日記，著重渲染了華盛頓偽裝使者測探軍情、收買挑撥印第安人，企圖占領俄亥俄地區云云。

在雙方的對罵聲中，華盛頓很快就成了聞名於大西洋兩岸的新聞人物。但這個時候人們還沒想到，二十年以後，也是這位名不見經傳的華盛頓上校，扛起了北美人民反英獨立革命的大旗。

一七五五年春，剛剛平靜了一個冬天的北美大地再一次燃起了戰爭的硝煙。英國政府鑒於英軍在困苦堡的失利，大片殖民地有落入法國手中的危險，遂將注意力轉移到北美，決定在北美採取大規模軍事行動，以控制更多的北美殖民土地，從而徹底擊潰自己的對手法國，登上世界殖民霸主的寶座。

為了實現這一目標，英國政府動用了最精銳的作戰部隊，組成了赴北美遠征軍，並任命年近六旬的愛德華．佈雷多克少將為最高指揮官，作戰目標是收復被法軍搶占的俄亥俄河交匯岔口的「迪凱納堡」。

一七五五年二月，佈雷多克將軍到達維吉尼亞，然後前往威廉斯堡，會見丁威迪總督，隨同佈雷多克將軍來到是兩個團的英國正規軍，有一千多人。不久，大軍就集結在亞歷山卓，準備從這裡出發，進攻迪凱納堡。

就在這時，有人將華盛頓的才幹推薦給佈雷多克將軍，而佈雷多克對華盛頓的為人和才幹也早有耳聞，且華盛頓對邊疆地區很熟悉，有在那裡作戰的經驗，於是馬上派助手寫了一封信給華盛頓，邀請他來自己的參謀部工作。

這封信正合華盛頓的心意，雖然他已辭去軍職回莊園務農，可他並非真的要離開軍界；相反，他十分渴望能重返軍界，到戰場上大顯身手。所以在收到佈雷多克將軍的信後，他馬上表示願意以志願軍的身分加入遠征軍中。

既然是以志願軍的身分加入，那就意味著華盛頓既沒有薪俸也沒有實權，但他並不介意，他認為自己的選擇是明智的。他想到一個組織嚴密、紀律嚴明的大兵團中工作，以便獲得豐富的軍事經驗，這對自己的軍事前途是大有裨益的。

（四）不被重視的幕僚

四月二十日，佈雷多克將軍率領部隊從亞歷山卓出發了。五月十日，將軍任命華盛頓為上校副官。隨即，大軍取道溫切斯特向威爾斯溪進發。

然而，隨著部隊逐漸深入俄亥俄河流域內地，他們逐漸遇到了一系列的麻煩。

華盛頓認為，儘管佈雷多克比自己作戰經驗豐富，但他對北美的特殊環境缺乏了解，而自己作為一名參謀人員，有責任向上級介紹情況。可是，當華盛頓向佈雷多克坦陳自己的建議時，卻遭到了佈雷多克的否定和批評。

在行軍路上，華盛頓見部隊的運輸工作極為繁重，可是軍用物資中卻夾雜著大量與作戰無關的私人物品，有些物品僅僅為了滿足軍官們奢侈豪華生活的需要，他再次面陳佈雷多克，建議應將這些與作戰無關的物品清理掉，保證部隊能輕裝簡行，但佈雷多克對此都不置可否。

在對待印第安人的態度上，佈雷多克將軍也表現得過於高傲自大。華盛頓一再告誡佈雷多克，應對印第安人籠絡安撫，爭取他們的支持援助，但佈雷多克生來厭惡印第安人，自然也不會接受華盛頓的告誡了。

不久，部隊又遇到的糧草問題，致使後勤補給不繼，前方敵情不明，沿途還不斷遭到印第安人騷擾，行進十分困難。無奈之下，佈雷多克準備向華盛頓徵詢意見。不巧的是，華盛頓突然病倒了，臥床不起，不能理事。

七月九日中午，部隊渡過了莫諾加希爾河，來到一片叢林地帶。華盛頓見這裡

（四）不被重視的幕僚

地形險惡，頓生疑竇，建議佈雷多克馬上派人偵查附近情況，以防不測，但又遭到佈雷多克拒絕。

下午二點左右，前方突然響起密集的槍聲，華盛頓最擔心的事情終於發生了——敵人發起了突然襲擊。

在看不見的敵人的攻擊之下，英軍整個部隊頓時崩潰了，紛紛後撤。華盛頓根據自己的經驗告誡佈雷多克，應將部隊分散開，利用地形和樹木的掩護與敵人對峙，但佈雷多卡堅決反攻，結果密集的隊形全部暴露在敵人的火力面前，成了敵人射擊的活靶子，死傷嚴重。

儘管如此，英軍的表現還是十分英勇，沒有一個人臨陣脫逃，佈雷多卡將軍也表現出了無畏的氣概。他身中數槍，坐騎被打死了五匹，仍然堅持指揮戰鬥，直至一顆子彈穿透他的右臂進入肺部，他才被部下強行運下戰場。三天後，這位紀律嚴明、英勇無畏，然而卻過於刻板的老將軍終因傷勢過重身亡。

令人意外的是，事後查明，前來狙擊英軍的法國部隊竟然只有三百人，且傷亡不到七十人！而英軍竟然傷亡七百人以上。因此許多史學家都認為，這是一場「不幸和不可思議的失敗」。

佈雷多克的遠征以失敗告終，華盛頓懷抱希望而去卻充滿失望而歸。七月二十六日，他拖著因病而虛弱疲憊的身體回到維農山莊，在家中休養。

華盛頓投身軍事生涯已經三年多了，曾幾次與英國正規軍並肩作戰，在此過程中，他經受了戰爭的考驗，積累的不少軍事知識，也了解了英軍的作戰方式；同時，他也飽嘗了失敗的痛苦，以及殖民壓迫和歧視的恥辱，在心底埋下了不滿和怨恨的種子。

另外，他還清楚地看到了英國軍隊和軍官們的失誤和弱點，從而破除了以往對英軍的崇拜和迷信，建立起了堅定的自信心。

正是在這種苦難的煎熬和戰鬥的磨礪中，一顆耀眼的新星在北美大地冉冉升起。歷史的辯證法證明，英國當局在北美進行殖民壓迫和殖民爭霸過程中，必然要為他們殖民統治的覆滅撒下一顆顆不熄的火種。

George Washington

第五章　平靜之後的風雨

衡量朋友的真正標準是行為而不是言語；那些表面上說盡好話的人實際上離這個標準很遠。

——華盛頓

（一）出任總指揮官

法國在僥倖擊潰了超過自己五倍兵力的英軍後，更加得寸進尺地向維吉尼亞縱深進犯，不斷擴大自己的勢力範圍。這樣一來，住在西部的英國移民可遭了殃，經常遭到法國小部隊帶領的印第安人的騷擾，有的甚至全家都被殺絕了。邊民們處於驚恐無助的悲慘境地，不少分紛紛舉家東遷，維吉尼亞西部邊境又告危急。

佈雷多克的遠征軍失敗後，英國軍方一時心灰意冷，將維吉尼亞西部的地區拱手讓給了法國人和印第安人，從而令維吉尼亞新開拓的邊疆地區，即亞利加尼山與蘭嶺之間的雪蘭多亞河谷地區完全處於沒有保護的境地。不過，在這一帶定居的居民卻擔心法國人和印第安人突然到來，因此紛紛要求成立民兵組織，保衛邊疆地區的安全。

在大敵當前的形勢下，丁威迪總督於一七五五年八月四日召開維吉尼亞議會，最後決定撥款四萬英鎊，建立一支由一千人組成的維吉尼亞民團。八月十四日，維吉尼亞當局發出委任狀，命令由華盛頓出任維吉尼亞已經建立和即將建立的整個部隊的總指揮官。

（一）出任總指揮官

華盛頓擔任這個職務大約有兩年的時間，其間除了回家探親一次外，所有時間都是在西部荒蠻的地區度過的，率領這支臨時組建的小分隊，保衛著漫長而充滿危險的邊境線。

西部邊疆的形勢一向複雜，險象環生，法國人一直虎視眈眈，幾支精銳的先遣部隊已深入到維吉尼亞境內，濫殺無辜，搶佔戰略要地。而華盛頓的部隊大多數都是新招募來的兵員，人數少，裝備差，懂軍事的軍官更是少得可憐。

這些還不算最令人煩惱的，最讓人頭疼的是部隊的後勤補給毫無保障，與後方通訊聯繫十分困難，這也讓華盛頓的部隊時常陷入意想不到的窘境中。可以說，華盛頓的部隊幾乎完全在一種危機四伏的惡劣環境中孤軍作戰，稍有不慎，就可能全軍覆沒。在這種毫無依靠的情況下，華盛頓只能最大限度地發揮自己的聰明才智，充分激發起全部兵員的戰鬥熱情和獻身精神，全力以赴地進行戰鬥，守衛住邊疆的領土。

更讓華盛頓不開心的是，自從他任職以來，丁威迪總督對他的態度發生的變化，再也不像以前那樣為他著想了。對於華盛頓的一些重要建議，如修築堡壘、加強防衛力量等，或不予理睬，或拖著不辦。因為丁威迪是個氣量狹小的人，他本來是打算派自己的親信英尼斯上校擔任部隊總指揮官的，但後來迫於輿論壓力，才不得不任命華盛頓。自此，他就對華盛頓便耿耿於懷。

以上情況讓駐守在邊疆的華盛頓心情極其沉重、悲觀，認為「前途不滿陰霾，看不到光明的跡象」。心情憂鬱，加之生活艱苦，長期操勞過重，致使華盛頓重病纏身。一七五七年底，他不得不放下工作，回到維農山莊養病。

但是，新的一年給華盛頓帶來了新的光明前景：一七五八年，他的健康狀況有所好轉；而丁威迪總督也於這年年初離職回國，法蘭西斯．福基爾先生擔任維吉尼亞總督。在他到任前，總督暫由行政委員會主席約翰．布萊爾先生代理。布萊爾是華盛頓的朋友，一貫賞識華盛頓的為人和工作，並樂於聽取他的意見。這讓華盛頓重新燃起了希望。

接著，令人鼓舞的新形勢再次出現了，英國政府在威廉．皮特的主持下，準備在美洲展開大規模對法戰爭，其中的戰隊任務也包括進攻迪凱納堡。華盛頓也參加了攻打迪凱納堡的戰鬥。

到金秋時節，法軍因連連戰敗而從迪凱納堡撤軍，要塞也被付之一炬。為了紀念英國首相威廉·皮特，迪凱納堡要塞被改名為皮特堡。後來，這座要塞發展成為一座內陸城市，並正式改名為匹茲堡，如今仍是美國最大的內陸城市之一。

攻克迪凱納堡後，華盛頓認為維吉尼亞西部邊疆的安全問題已經得到保障，他決定退出軍界，結束動盪不定的軍旅生活，返回清新寧靜的家鄉。一七五八年底，華盛頓辭去軍職，回到維農山莊。

（二）結婚

華盛頓此次辭職返鄉還有一個重要的打算，那就是結婚成家。青年時代的華盛頓身材高大，儀表堂堂，而且聲明顯赫，身家不菲，但卻總是情場失意。後來華盛頓對自己做過冷靜的分析，認為主觀原因是自己在女性面前羞澀寡言，不善於表現自己；客觀原因則是軍務繁忙，長年奔波在西部荒原地區，極少有接觸女性的機會。

一七五八年，正在華盛頓準備配合富比士將軍攻打迪凱納堡時，一位美麗溫柔的女性闖進了他的情感世界。這位女性就是二六歲的寡婦瑪莎·丹德里奇·卡斯蒂斯夫人，維吉尼亞名門望族約翰．丹德里奇先生的女兒。她的丈夫丹尼爾．帕爾．卡斯蒂斯已經在三年前去世了，給她留下了一大宗遺產和一兒一女。瑪莎身材嬌小可愛，容貌秀麗，帶著南方女性的溫柔、坦率、可愛的氣質。雖然已經生育過兒女，但仍具有年輕姑娘的風韻魅力。

一七五八年五月，華盛頓奉命前往威廉斯堡催促物資供應，中途他應邀前往張伯倫少校家中進餐。在這裡，他第一次見到了瑪莎．丹德里奇．卡斯蒂斯。好像是上帝的安排，兩個人彼此一見傾心，很快就墜入了愛河。

不久後，華盛頓又專程去探訪了瑪莎，並定下終身，相約等邊疆危機一結束，他們就舉行婚禮。

一七五八年底，華盛頓返回家鄉。第二年的一月六日，華盛頓與瑪莎的婚禮在維吉尼亞新肯特郡瑪莎的寓所「白屋」隆重舉行，雙方的親朋好友和當地的社會名流紛紛前來祝賀，結婚儀式熱烈而喜慶。

婚後，一對新人在白屋度過了一段難忘的蜜月時光。在蜜月期間，華盛頓還乘馬車前往威廉斯堡赴任市民院議員。

為了迎接這位戰鬥英雄的到來，市民們為他舉行了盛大的歡迎儀式。當華盛頓興致勃勃地走進會場時，全體議員馬上起立，用熱烈的掌聲向他致敬。接著，議長魯賓遜先生發表了熱情洋溢的演說，對華盛頓的品格和功績給予了讚譽，並代表殖民地向他表示感謝。在一片頌揚聲中，華盛頓竟然窘得面紅耳赤，緊張得說不出話來。

這是華盛頓第一次步入政壇，不免顯得十分稚嫩，甚至有幾分滑稽，但他在戰場上的英姿已經給人們留下了深刻的印象，並確定了他在政壇上獨特的、不可替代的地位。

三個月後，華盛頓和夫人瑪莎帶著六歲的繼子約翰·帕克·卡斯蒂斯和四歲的繼女瑪莎·帕克·克斯蒂斯一起乘坐馬車回到維農山莊。從此，維農山莊就成為他們的家。

瑪莎是一位頭腦清醒、辦事認真、善於持家理財的賢內助，同時也是一位社交場上的佼佼者。她和孩子們的到來，讓沉寂了幾年的維農山莊再一次煥發出勃勃生機。

（二）結婚

後來的事實也證明，華盛頓與瑪莎的結合經受住了風雨與時代的考驗。華盛頓胸懷大志，剛毅威武，是國家和民族的棟梁和擎天立柱；瑪莎持家有方，對華盛頓關懷備至。二人伉儷情深，共同度過了三八年的夫妻生活。儘管夫妻倆都喜歡過一種與世無爭的隱居生活，但無論命運驅使華盛頓在獨立戰爭的疆場上浴血奮戰，還是在國內外政治戰爭的漩渦中起落沉浮，瑪莎都勇敢地伴隨在他左右。

結婚以後，華盛頓本已富裕的家產變得更加闊綽了。他原有五千英畝的土地和四十九名奴隸，現在瑪莎又給他帶來了一點七萬英畝的土地和三百多名奴隸，另外還有四．五萬英鎊的現款。一夜之間，華盛頓就成了維吉尼亞數一數二的大種植園主了。

在十八世紀中期，英屬北美南部各殖民地的一個個大種植園就是一個小小的帝國，種植園主是這個帝國至高無上的統治者。因此，種植園主的管理和決策好壞也直接關係到種植園的發展前途。當時，維吉尼亞的種植園主們都喜歡讓他們的管家去經營自己的莊園，認為親自經營有失身分，但華盛頓不這麼認為，他親自管理莊園事務，決心要將他的莊園建成維吉尼亞第一流的種植園。

（三）英法戰爭結束後的衝突

最初，維農山莊是以單一的農業經濟為主，主要生產的經濟作物是菸草。與維吉尼亞的其他種植園一樣，維農山莊生產的菸草大部分要銷往英國。由於華盛頓工作勤奮，又大膽採用先進的農業技術和生產工具，所以產量很快就得到了大幅增長。

然而遺憾的是，菸草的經銷情況並不盡如人意，甚至每況愈下，這主要由於英國代理商十分奸詐，利用宗主國的有利地位和進出口差價對農場主大肆剝削，讓華盛頓的菸草生意蒙受巨大損失。出於憤怒和無奈，華盛頓對生產結構進行了大規模調整，逐漸減少菸草種植面積，改種小麥、玉米等農作物，並投資興辦麵粉加工廠等多種手工作坊。到一七六六年，種植園已完全停止生產菸草了。

由於產品信譽好，產量和質量大幅提高，維農山莊在激烈的市場競爭中逐漸站穩了腳跟。據說，當時凡印有「維農」印記的麵粉桶在許多港口都是免檢通過，這種情況在當時是不多見的。可以說，維農山莊的華盛頓的經營下，已經進入了它的黃金時代。

在維農山莊生活的幾年中，華盛頓也沒完全斷絕與外部世界的交往，他經常與各地的知名人士保持著聯繫，有時夫妻倆還坐著華麗的四輪馬車出門，或到威廉斯堡去參加市民院會議，或去馬里蘭殖民地首府安納波利斯參加上流社會組織的各種社交活動。在這裡，華盛頓夫婦結識了許多北美上層人物，同他們交換內外事務的看法，尤其是經常交流關於英法之間的戰況和英國王室的一些殖民政策等。

一七六三年，歷時七年的英法戰爭結束，法國戰敗，其勢力被逐出北美。英法兩國簽訂了《巴黎條約》，法國放棄了在北美的一切權利。

然而，戰敗國的一位政治家、法國駐君士坦丁堡大使德維爾．讓先生卻提出了一個古怪的觀點：雖然這場戰爭英國人打贏了，但對英國來說卻是一種極其有害的勝利，因為它失掉了法國這種抗衡力量，英國殖民地將不再需要它的保護。

在戰爭中，北美人民為了保衛家園和財產，犧牲了無數的生命，與英軍一起戰勝了強大的法國。可是戰爭結束後，北美人民並沒有得到和平和安寧，得到的卻是昔日「戰友」無情的鎮壓與剝削，這讓北美人民非常憤怒，北美大陸上空重新佈滿戰爭的黑雲。

北美移民大部分都來自英國，對不列顛也懷有一種類似「戀母」的情節，他們總

（三）英法戰爭結束後的衝突

是將英國稱為「國內」。然而不列顛卻是「後娘」，對本土臣民與海外遊子採取的是雙重政策。因為英國王室建立殖民地的唯一目的，就是為爭奪那裡的原料和商品銷售市場，對待北美也只是無限地索取，從未付出，限制北美經濟的發展，禁止其與別國進行貿易，以保證英國商品的壟斷傾銷。

英法戰爭結束後，英國騰出手來，對殖民地採取了更加嚴厲的限制政策，大肆對北美進行壓迫和榨取；還派出大量軍艦到北美海岸游弋，稽查走私，從而使北美的對外貿易遭受沉重打擊，沿海港口城市的經濟陷於蕭條。

一七六三年十月，英國王室詔諭，宣布北美阿巴拉契亞山脈以西的土地全部歸王室所有。在戰爭前夕，英政府還鼓勵其「忠良臣民」到西部地區去墾荒定居；而現在，這道詔諭使北美各個階層無不受到嚴重打擊，其中也包括華盛頓家族。

英國政府還不罷休，一七六四年，政府又將英法戰爭的巨額軍費開支轉嫁到殖民地人民頭上，頒布了「糖稅法」，宣布在北美殖民地對食糖和糖漿等徵收關稅，「以支付該領地之防衛、保衛與安全費用」。

一七六五年三月，英國當局又頒布了「印花稅法」，該法案几乎達到了無孔不入的程度，規定：凡北美殖民地出版的一切報刊、廣告、曆書、契約、法律文書乃至大學文憑等，都必須貼上「稅資付訖」的印花稅票，稅票價值從半便士到二十先令不等。

為保證這一法案的實施，防止殖民地人民反抗，英政府又頒布了《駐兵條例》，規定英軍在殖民地可以隨意徵用公房。

這一切無理而殘酷的剝削讓北美人民忍無可忍，火山終於要爆發了！北美一些有識之士一針見血地指出：「印花稅法」不僅是經濟上的公開掠奪，還是剝奪北美人民神聖的立法權力。因為英國上下兩院都沒有北美選出的代表，為何英國議會可以隨意通過法案向北美人民另外徵稅？顯然，這是不合法的侵權行為。

「印花稅法」成為一根引爆民族解放戰爭的導火線，北美人民紛紛行動起來，戰爭的浪潮很快便席捲了北美的十三個州。

第六章　投身反英戰爭

由於劍是維護我們自由的最後手段，一旦這些自由得到確立，就應該首先將它放在一旁。

——華盛頓

（一）與英國的衝突

一七六五年五月二十九日，反對「印花稅法」的第一陣浪潮在維吉尼亞爆發了。

這天，維吉尼亞代表在威廉斯堡召開議會，討論印花稅法的問題。在會上，一位名叫派翠克．亨利的青年律師登台發表了一篇演說，義正言辭地反對「印花稅法」。他認為，只有經過維吉尼亞議會討論通過，英國政府才有權對本地居民徵稅；凡反對此見解的人，就是維吉尼亞的敵人。

亨利的演說轟動了議會，並很快就傳遍了北美洲。隨著歧見的日漸深入，一些群眾性的自發革命團體也相繼出現，其中影響最大的是「自由之子」，這些團體提出了「要自由，不要印花稅」等口號。

十月，在麻薩諸塞議會上，北美九個殖民地的代表在紐約召開反對印花稅法的大會，通過了《殖民地人民的權利及其不滿原因的宣言》，宣布殖民地人民沒有義務向英國政府納稅，同時大會號召抵制英貨。

此時，華盛頓雖然在感情上是站在北美殖民地一邊的，反對英國在北美實施的

（一）與英國的衝突

各種壓迫性政策，但他的觀點和行動卻不像派翠克・亨利等人那樣激進。他認為：實施「印花稅法」是一個錯誤的舉動，不僅行不通，還會給英國和北美帶來災禍，英國政府應審時度勢，改弦更張，與北美殖民地和睦相處。事後，他在給瑪莎的叔叔弗朗西斯・丹德里奇寫的信中說：

印花稅法引起殖民地人民當中愛思考的人士的議論，他們認為這種違反憲法的徵稅方法是對他們的自由的卑鄙進攻……我可以肯定地說，宗主國由此得到的好處必然遠遠達不到英國內閣預期的程度，因為可以肯定，我們的全部財富從某種意義上來說已源源不斷地流向英國，任何促使我們進口有所減少的措施必定都有害於英國的製造業。我們的人民的眼睛已經睜開了，他們已覺察到，我們花了大量錢財從英國購買的奢侈品完全是可以不買的。

……至於印花稅，在目前的情況下，即使我們願意執行這一法令，要照這一法令去辦也是不可能的，或說幾乎是不可能的。除了我們沒錢購買印花稅，還有許多別的有力的原因，足以證明這個法令是行不通的。

十一月一日，是「印花稅法」官定開始生效的日子。這天，各地群眾都以不同的方式表達了憤怒和抗議。在波士頓地區，人們敲響了塔頂的葬禮喪鐘，輪船升起半旗，商店關門停業，還焚燒了稅證局長的畫像；在紐約，群眾紛紛上街遊行，高舉「英國幹蠢事，美洲人遭殃」的條幅，一批群眾還襲擊了總督的官邸，把總督的畫像當眾燒燬，強迫管理印花稅票的官員將所有的票據都交出來燒掉。

一七六六年一月，紐約群眾走上街頭，將運到紐約港的十箱印花稅票通通扯碎，然後一把火燒個精光。

各種反對印花稅法的運動愈演愈烈，人民革命烽火遍地，大有山雨欲來風滿樓之勢。一七六六年三月十八日，英國政府在北美人民的堅決反對下，終於取消了「印花稅法」。

消息傳來，北美殖民地人民歡欣鼓舞，華盛頓也十分高興，和大家一起拍手稱快，滿以為烏雲已經消散，公證和自由又回到了北美大地。

然而非常遺憾的是，正當這些善良的人們歡慶廢除「印花稅法」的時候，英國王室又開始策劃新的陰謀，變本加厲地對北美殖民地進行反撲。

（二）帶領對抗英政府

一七六七年初，查爾斯．湯森出任英國財政大臣，提出了一個向北美殖民地徵稅的新法案，即「湯森稅法」。據此，英國將向北美殖民地輸出的商品，如玻璃、油漆、紙張、茶葉等，一律在到達殖民地後徵收關稅，所得款項用於支付殖民地的司法和行政費用。同年十一月，該稅法在北美各殖民地推行。

這一法案可謂一箭雙鵰：既搜刮了殖民地的錢財，又能削弱當地議會的權利。因為在這之前，皇家官員的薪俸都掌握在殖民地議會手中。

結果，該法案再次激起了北美人民的反抗怒潮。一七六八年二月，麻薩諸塞殖民地議會透過了由山姆．亞當斯起草的給英國國王的請願書，要求撤銷湯森稅法。其他殖民地也紛紛向英國政府遞交陳情書，反對英國政府將殖民地徵稅當成增加英國財政收入的手段。

然而，儘管請願書是「向我們最仁慈的君主提出謙卑、恭敬而又忠誠的請求」，結果還是遭到了當局的嚴厲懲罰，議會被結算，請願書被撤銷。

第六章　投身反英戰爭

九月二十八日，來自麻薩諸塞州的代表聚在一起，抗議英國政府的暴政。就在同一天，兩團英軍在七艘軍艦的護送下進駐波士頓，意圖震懾住抗議的人們。可是，波士頓人民以拒絕為英軍提供住所作為答覆。

局勢頓時緊張起來，人民甚至可以嗅到戰爭的火藥味。一心想在維農山莊過太平日子的華盛頓，也不得不面對愈加嚴峻的局勢了。他的莊園成了訊息交流的場所，不斷有朋友來到這裡，帶來外面的消息給他。

一七六九年四月五日，華盛頓在維農山莊給喬治．梅森寫了一份重要的信件，信中闡明了自己對於英國與北美殖民地人民之間衝突的看法，以及北美殖民地人民應採取的對策。信中說：

當英國尊貴的先生們不剝奪美洲的自由就不滿足的時候，看來很有必要採取某些措施，避開這一打擊，並維持我們祖先給我們的自由。但是，關鍵問題在於，我們該採取什麼樣的措施才能有效地達到這一目的？

……為了保衛與我們生命的一切息息相關的無限寶貴的天賦自由，我認為，我們每個人都應義無反顧地拿起武器……但是，武器應該是最後的不得已的手段……

（二）帶領對抗英政府

這封信表明，華盛頓在審視英國與北美殖民地的尖銳矛盾時，已經考慮到採取革命手段的可能性，大膽地提出拿起武器來反抗英國當局剝削殖民地人民的主張。這是他走向革命的一個重要里程碑。

華盛頓在與梅森通信協商後，由梅森草擬了一份計劃：成立一個抵制英國商品聯合會，主張從一七六九年九月起，其成員保證不進口需要納稅的任何英國商品。華盛頓與梅森反覆研究後，將文件最後定名為《不進口協議》。

文件在交到維吉尼亞議會討論後，得到了議會的一致通過，不久各地更是紛紛響應，而華盛頓本人則成為這一決議的嚴格執行者。

執行這一決議也就意味著：革命先從自我革起。簽署了文件的議員們有義務抵制英國貨，相互停止貿易，蒙受經濟損失。同時還要放棄生活中的享樂奢侈之品，因為這些奢侈品全部是從英國進口的。華盛頓身體力行，全家整整一年都用一種樹葉代替從英國進口的茶葉，由此可見抵制運動的堅決徹底。

這一年，北美殖民地從英國進口的商品數額急遽下降，英國廠主和商人在對美貿易中損失慘重。一七七零年三月五日，英國內閣不得不宣布「湯森稅法」作廢。

現在，經過徬徨、等待、審時度勢的華盛頓，開始正式登上反抗英國殖民統治的政治舞台了。

（三）揭開反英戰爭序幕

一七七零年初，英國內閣發生變動，諾斯出任英國首相。在他的活動之下，「湯森稅法」取消後，又通過了在北美殖民地徵收茶葉稅的法案。也就是說，撤銷一七六七年以來的各種關稅，只有茶葉除外。這樣做的目的，是為了維護宗主國的權威。

這樣一來，北美殖民地人民開始購買其他不徵稅的日用品，但絕不購買茶葉。於是茶葉稅問題又成了戰爭的焦點。

三月五日，就在英國議會在取消對北美殖民地徵收茶葉稅以外的關稅這天，波士頓人民與當地駐守的英軍之間發生衝突，從而爆發了震驚世界的「波士頓慘案」。

這天，波士頓天氣寒冷，一個英國兵在大街上公然毆打一名北美學徒。消息傳

（三）揭開反英戰爭序幕

開後，人們怒不可遏，紛紛聚集起來，包圍了海關大樓，高喊口號：

「趕走蝦子兵！趕走蝦子兵！」

同時用雪球和石塊向大樓上投擲英軍。守衛大樓的軍隊開了槍，當場打死五名群眾，多人被打傷。

英軍的暴行激起了北美殖民地人民極大的憤怒，反英情緒更趨高漲。第二天，波士頓召開全市大會，要求英軍撤出市區，並嚴懲殺人兇手。

一七七二年十一月，波士頓建立了北美第一個革命組織——「通訊委員會」。不久，這一組織在數十個城鎮相繼成立。

由於北美殖民地人民拒絕購買茶葉，英屬東印度公司的茶葉出現大量滯銷。一七七三年，東印度公司派出三艘運送茶葉的船隻駛入波士頓，試圖將茶葉強行推銷給當地居民，以便在事實上確立英國對北美殖民地的徵稅權。

為表明殖民地人民的反抗決心，回擊英政府的暴行，十二月十六日晚，一群波士頓人化裝成印第安人闖入東印度公司的茶船，將價值一萬五千多英鎊的三百多箱茶葉全部倒入海中，從而以實際行動徹底否定了英國政府對北美殖民地人民的徵稅權。

這一事件大大鼓舞了北美殖民地人民的戰爭士氣，同時也深深地激怒了英國國王喬治三世和他的政府。英國政府決定對北美殖民地人民的「大逆不道」行為給予嚴厲的鎮壓。

一七七四年三月，英國政府通過了五項「不可容忍法令」，企圖用高壓手段迫使北美殖民地人民就範。這五項「法令」包括：

一，關閉波士頓港口，直至東印度公司被毀茶葉得到賠償。

二，撤銷麻薩諸塞州殖民地自主權，由英國國王直接任命議會議員。

三，取消殖民地司法權，英國在殖民地的官員犯法不受殖民地司法機關審判。

四，頒布新駐軍條例，英軍進駐波士頓港，並可在殖民地一切旅館酒店及其他公共建築物內自由駐紮。

五，頒布《魁北克條例》，將俄亥俄以北、賓夕法尼亞以西的廣大地區劃歸英屬加拿大魁北克殖民地管轄。

上述法令將於一七七四年六月一日正式實施。該法令明顯地剝奪了北美人民的政治和司法權力，因此更加激起了殖民地人民的義憤和聯合反抗，這也成為第一次大陸會議召開的直接原因。

五月十六日，維吉尼亞會議在威廉斯堡召開。這是一七六九年議會被解散五年後的第一次召開，華盛頓出席了會議。

會議還在召開期間，通訊委員會就傳來一個緊急訊息：波士頓港將於六月一日被英國當局封鎖。議員們馬上情緒高漲起來，中心議題轉為聲援波士頓人民的正義戰爭。

維吉尼亞會議後被波士頓新任總督鄧莫爾下令解散，包括華盛頓在內的二十五名愛國議員又自發聚集到雷利旅館的會議廳繼續開會，並在這裡通過一份十分重要的通告：號召八月一日舉行維吉尼亞全體會議，並建議美利堅各殖民地派出代表，每年在最合適的地方召開一次全大陸的會議。

六月一日，英國正式封鎖波士頓港，整個北美殖民地都以各種形式表達他們的抗議，並將這天當做齋戒和祈禱的日子。華盛頓還專程來到教堂，懷著虔誠的心祈禱上蒼大發慈悲，賜福於多災多難的波士頓人民。

（三）揭開反英戰爭序幕

八月一日，華盛頓代表費爾法克斯郡出席了在威廉斯堡舉行的第一次維吉尼亞全州代表大會。會上，代表們一致憤怒聲討英國封鎖波士頓的暴行。一貫沉穩內向、謹言慎行的華盛頓在這次會議上發言了：

「我願意出資招募一千名士兵，率領他們去支援波士頓。」

會議最後通過了對英進行經濟抵制的決議案，並推舉出七名代表去費城參加於九月五日召開的第一屆大陸會議，華盛頓也位列七位代表之中。

George Washington

第七章　受命於危難之際

不論用什麼方法獲得名譽，如果後面沒有品格來維持，名譽終必消失。

——華盛頓

（一）權利宣言

費城位於賓夕法尼亞州東南部，是北美大陸最大最繁華的城市，當時有居民三萬餘人，整個城市比威廉斯堡要氣派、熱鬧得多。

一七七四年九月五日，第一屆大陸會議在費城一個名叫「木工會廳」的禮堂中召開。除喬治亞州代表因其總督數度阻撓未能出席外，來自英屬北美十二個殖民地的代表共五十五人匯聚於此召開會議。

這五十五名代表可謂彙集了北美洲最具政治頭腦、最具組織才能和最具名望的領袖人物。此前，他們都代表這本地區的利益，各自為政。他們的政治傾向基本可以分為三派：一派為激進派，代表為山姆．亞當斯、約翰．亞當斯、查理德．亨利．李和派翠克．亨利等；一派為溫和派，代表為喬治．華盛頓、佩頓．藍道夫和約翰．狄金生等；另一派是一些保守派人物，如約翰．傑伊、約翰．狄金生等。真正的鐵桿保皇派是不可能參加這種會議的。

會議選舉維吉尼亞的佩頓．藍道夫為主席，賓夕法尼亞州的查爾斯．湯姆森為祕書長。經過激烈的辯論，大會最終形成了兩個重要決議：一，發佈《權利宣言》；

（一）權利宣言

二，用「大陸聯盟」的名義制定了一套禁令。

十月四日，《權利宣言》透過。這個歷史上著名的宣言有力地譴責了英國的高壓法令，提出了殖民地人民應該同英國公民一樣，享有生命、自由、財產的權利，並宣稱：

對於這種令人痛心的法令和決議，美洲人絕不能屈膝。但是，由於希望我們的英國國民同伴在修訂這些法令時能使我們兩地恢復到共同幸福繁榮的狀態，我們目前決定只採取下來和平措施：

第一，成立不進口、不消費和不出口協會或聯合會。

第二，草擬告大不列顛人民和英屬北美居民書。

第三，草擬上英王陛下書。

十月二十日，會議通過了成立「大陸聯盟」的決議，由聯盟頒布了三項禁令：

一，從十二月一日起，禁止從英國進口商品，停止奴隸貿易。

二，禁止消費和進口英國的奢侈品。

三，從一七七五年九月一日起，禁止向不列顛、西印度群島出口商品。

大陸會議從九月五日一直開到十月二十六日，歷時五十一天，並商定於下年五月召開第二次大陸會議。

在會議結束後，華盛頓匆匆返回了維農山莊，因為他非常惦記瑪莎。一七七三年六月，瑪莎的女兒因病亡故了，兒子約翰．帕克．卡斯蒂斯又不在身邊，在華盛頓遠行後，瑪莎隻身一人獨守維農山莊，甚感憂傷和寂寞。因此，瑪莎也非常希望華盛頓能回到自己身邊，陪伴自己。

但是，形勢的發展已令維農山莊難以再恢復到往日那種安逸祥和的氣氛了，麻薩諸塞的形勢日趨緊張。英軍司令兼麻薩諸塞殖民地總督蓋奇派兵控制了波士頓這一港口城市唯一的陸上大門波士頓隘口，並下令搜繳各地的武器槍支等。

這一舉動令波士頓周圍的人民十分不滿，他們自發組織起來，準備向波士頓進攻。麻薩諸塞議會則不顧蓋奇的阻撓，召開會議，並推舉約翰．漢考克為議會主席。議會還通過了組織民兵法案，任命阿迪馬斯．沃德等軍事將領，授權安全委員會召集訓練民兵和指揮軍隊的軍事行動，並蒐集大批軍火儲存在康科德和伍斯特等地，以防不測。

麻薩諸塞人民的行動得到了北美其他殖民地人民的支持，各殖民地也紛紛建立起自己的民兵組織。在大陸會議後，維吉尼亞的各縣先後建立起民團，自己出資招兵買馬，購置裝備，自己選舉軍官，並穿上自制的軍服，要與英國正規軍分庭抗禮。

由於華盛頓在當地的巨大聲望，他剛一回到維農山莊，各地民團就紛紛邀請他擔任指揮官，進行軍事訓練等方面的指揮工作。顯然，在當地人民心中，華盛頓已是一名當之無愧的軍事領袖了。

（二）獨立戰爭開打

就在華盛頓忙於指導維吉尼亞各地民團訓練時，兩位在日後美國獨立戰爭中扮演重要角色的人物來到維農山莊，他們是查理斯．李將軍和霍雷肖．蓋茲少校。華盛頓對二位的到來十分高興，因為他們都具有豐富的軍事經驗。尤其是李將軍，雖然性格孤僻古怪，為人不修邊幅，但在軍事上很有才華。

第七章　受命於危難之際

一七七五年三月二十日，華盛頓前往里士滿參加第二屆維吉尼亞會議。在會上，發生了兩派對立意見的論戰：一派對局勢持樂觀態度，認為大陸會議上制定的三項禁令已見成效，英國政府一定會改變初衷，因此沒必要採取過激行為；而以派翠克·亨利和傑佛遜為代表的激進派，則力主繼續擴大民團組織，確保殖民地安全。

就在兩派爭執不下時，從大洋彼岸傳來了一個令人氣憤的消息：英王在英國議會上指責北美人民的行為是嚴重的「暴亂」，表示堅決抵制一切削弱和傷害議會「最高權威」的企圖。

英王的言論再一次激怒了北美殖民地人民，也大大加強了維吉尼亞激進派的戰鬥決心。亨利還在會議上提出一項建議：維吉尼亞應馬上處於防衛狀態，成立一個委員會來制定計劃，組織和訓練民兵，保衛維吉尼亞安全。

亨利的建議得到了包括華盛頓在內的大多數與會者的贊同。最終，會議以多五票的優勢通過了的亨利的建議，建立了以華盛頓、亨利和傑佛遜為首的安全委員會，實際上它就是維吉尼亞革命政府。會議還選舉了出席第二屆大陸會議的代表，結果出席第一屆大陸會議的代表全部當選。

（二）獨立戰爭開打

與此同時，麻薩諸塞總督蓋奇在諾斯的授權下，也開始準備用武力維持對桀驁不馴的殖民地進行統治。一七七五年四月，蓋奇獲悉距離波士頓二十英里處的康科德儲存有民兵的大批軍火，便決定對那裡進行突然襲擊。

四月十八日，蓋奇派史密斯中校率領八百名英軍前往康科德收繳武器，並準備逮捕那裡的反英分子。然而，他們的行動被麻薩諸塞議會安全委員會的約瑟夫·沃倫醫生發現，他立刻將英軍的行動情況通知了正在萊星頓通訊委員會的領導人山姆·亞當斯和麻薩諸塞議會主席約翰·漢考克。安全委員會馬上將康科德的大砲和部分彈藥運往他處。同時，沃倫醫生又連夜派兩名北美民兵趕在蓋奇的部隊達到之前跑出波士頓，將英軍行動的消息通州各地通訊委員會和民兵。波士頓近郊的民兵們獲得情報後，迅速集合起來趕到康科德。

四月十九日拂曉，當皮特凱恩少校率領的英軍來到一個名叫萊星頓的村莊後，忽然發現教堂外面的草地上有武裝民兵擋路。顯然，這些民兵意欲阻止英軍的進一步行動。雙方在這裡進行了一番激烈的對射。最終，在英軍的猛烈火力下，有八位民兵犧牲，十人受傷；英軍方面也造成了一些傷亡。但英軍還是殺出一條血路，直撲康科德。

上午七點左右，英軍到達康科德，但由於萊星頓阻擊戰為康科德民兵贏得了時間，此時康科德民兵已經搶占了南北兩座橋頭，庫存的彈藥武器大部分也已分散轉移。當英軍趕來時，迎面就遭到了民兵的射擊。

經過一上午的激戰，英軍被打得人仰馬翻，抱頭鼠竄。當這支狼狽不堪的軍隊倉皇逃回波士頓時，已傷亡和被俘了約三百人，而北美民兵僅傷亡數十人。北美人民初戰告捷。

萊星頓的槍聲很快傳遍了北美大地，揭開了北美獨立戰爭的序幕。同時，這一槍也打破了英國正規軍不可戰勝的神話，並將包括華盛頓在內的北美人民逼上了「梁山」。

(三) 擔任獨立運動軍事指揮官

一七七五年五月十日，第二屆大陸會議將在費城的獨立宮召開。當華盛頓獲悉萊星頓事件時，他正在家中準備趕赴費城參加大陸會議。妻子瑪莎像以往一樣，送他登上四輪馬車，並祝福丈夫一路平安，早日歸來。

第二屆大陸會議堪稱是群英薈萃，盛況空前，所有與會的代表都是精英人物，前一屆的代表大部分再次當選，也有一些新鮮的面孔出現。比如著名民主主義思想家湯瑪斯．傑佛遜，時年三十二歲；另一位著名人物是時年六十九歲的班傑明．富蘭克林，也是一位傑出的科學家和社會活動家。

在這次會議上，仍然存在著兩種思想戰爭。除少數人主張北美獨立外，包括華盛頓在內的大多數代表一方面留戀於對宗主國的感情，另一方面又想維護殖民地人民的權利，仍希望這場衝突最終能夠獲得和解。

經過激烈的爭論，最終會議通過了約翰．狄金生起草的《橄欖枝請願書》，再次請求英王的原諒；還通過了湯瑪斯．傑佛遜和約翰．狄金生聯合起草的《關於拿起武器的原因和必要的公告》。

兩個文件乍看起來好像是互相矛盾的，其實它正如實地反映了與會代表們的意志。文件雖然聲稱北美人民尚未有脫離英國而獨立的想法，並闡明了和解的願望，但字裡行間仍然表達了美利堅民族神聖不可侵犯的浩然正氣和「不自由、毋寧死」的

（三）擔任獨立運動軍事指揮官

堅定信念。

在會議舉行期間，各項實際備戰措施並未因向英王的請願而受到影響。會議決定成立一個聯邦，在允許各殖民地按照自己的憲法處理內部事務的同時，將宣戰媾和、對外締約和管理貿易方面的權利都收歸大陸會議。據此，大陸會議於六月十四日下令徵募官員，籌集軍火，並發行印有「聯合殖民地」字樣的美元鈔票。會議還選舉華盛頓為處理軍事事務的委員會主席，負責制訂有關軍隊的規章制度。

面對這一重大的使命，四十三歲的華盛頓心情十分複雜，既感到無上的榮耀和自豪，又感到一種沉重的壓力和惶恐。他當即作了簡短的發言：

「雖然我深感此項使命給予我的崇高榮耀，但我仍深感不安，因為我的能力和軍事經驗恐怕難勝這一要職。鑒於會議的要求，我將承擔這一重任，並將竭盡所能為這一神聖的事業效力……」

大陸會議還任命了四名少將和八名准將。四名少將分別為：阿迪馬斯．沃德、查理斯．李、菲利普．斯凱勒和伊斯雷爾．普特南；八名准將分別為：塞斯．波默羅伊、理查．蒙哥馬利、戴維．伍斯特、威廉．西斯、約瑟夫．斯潘塞、約翰．托馬斯、約翰．沙利文和納撒尼爾．格林。

六月二十日，華盛頓從大陸會議主席漢考克手中接過委任狀，準備趕赴波士頓地區。第二天，在臨行前，應民兵軍官們的請求，華盛頓在查理斯．李和菲利普．斯凱勒兩位將軍的陪同下，檢閱了幾個民兵連隊，向他們展示了這位新上任司令官的風采。

這是華盛頓一生當中最令他激動不已的經歷之一，也是美利堅民族發展史上最為關鍵的一個時刻。一把決定美利堅人民命運和前途的利劍已經鏗鏘作響，行將出鞘了！

（三）擔任獨立運動軍事指揮官

第七章　受命於危難之際

George Washington

第八章　收復波士頓

在經濟和自然發展過程中存在著不朽的結合——美德與幸福不可分，責任與利益不可分，誠實高尚政策的真正準則與民眾繁榮幸福的真實回報不可分。

——華盛頓

(一) 大陸軍成立

就在第二屆大陸會議召開期間，波士頓地區的形勢驟然緊張起來。從四面八方湧來的新英格蘭軍隊將這座城市圍得水洩不通，扼守住城市周圍的主要交通要塞，將其餘外地的聯繫和物質供應全部切斷，讓這座孤立無援的城市開始面臨生活必需品日漸枯竭的危險。

由於波士頓情況緊急，大陸軍總司令華盛頓及新任命的將軍們於一七七五年六月二三日從費城出發，直奔波士頓。七月二日，華盛頓等人抵達波士頓的劍橋司令部，受到了地方議會領導人、民兵武裝和當地群眾的熱烈歡迎。歡迎儀式結束後，華盛頓顧不上休息，又風塵僕僕地趕往三英里以外的坎布里奇司令部。

七月三日上午，華盛頓正式接管了軍隊的指揮權，宣誓就任大陸軍總司令，受命於民族興衰存亡的危難關頭。

隨後，華盛頓檢閱了大陸軍。面對歡呼的人群，華盛頓的頭腦異常冷靜。從一個軍事專家的眼光來看，擺在眼前的局面十分嚴峻。在將敵我雙方的情況進行一番詳細的對比後，華盛頓深感憂慮。面前的大陸軍雖然士氣高昂，充滿戰鬥力，但其實還算不上正規部隊，只是一些民兵武裝的臨時組合。更確切地說，是一夥人員混雜、編制紊亂的烏合之眾，他們唯一的共同點就是對英軍充滿仇恨。這樣的軍隊，也必然存在著許多致命的弱點。

其次，這支軍隊雖然號稱有一萬八千人，其實不足一萬四千人，還全部都是未經訓練、剛剛組建起來的民兵，根本不知道紀律為何物。當沒有戰事時，他們就到處惹是生非，擾亂地方的治安。

另外，華盛頓還發現，部隊的裝備十分簡陋，物質匱乏，缺少重武器和運輸工具，士兵們用的槍械大多來自英軍淘汰下來的破舊東西，還有一些是士兵們自己從家裡帶來的獵槍。醫藥和被服等軍用物質也供不應求，許多兵士穿不上一件像樣的制服，整個軍隊看起來都衣衫襤褸。

上任後，華盛頓對軍用物資做了一次調查，結果讓他出來一身冷汗：倉庫中的彈藥只有三十二箱，每人只能有九發子彈！正如華盛頓的祕書李德所說的那樣：

「庫存中物資幾乎等於零，士兵們子彈盒裡的彈藥幾乎就是全軍的所有彈藥。這種情況真叫人不寒而慄！」

（一）大陸軍成立

情況萬分緊急，華盛頓決定馬上對部隊進行整頓。

首先就是整頓軍紀，將大陸軍劃分為若干個制式團隊，每個團由來自同一個殖民地的官兵組成，各級軍官佩戴明顯的區別標識。官兵必須做到軍容整潔，嚴守紀律，令行禁止，服從長官的指揮，嚴禁搶劫財物，凡違犯軍紀或擾亂社會治安者，視情節輕重處以懲罰。

其次，華盛頓不斷向大陸會議匯報反映，向各殖民地領導人呼籲，請求儘快給部隊供應急需的武器彈藥、糧食和服裝。在他的一再催促下，大陸會議陸續成立了一整套後勤供應機構。

華盛頓還十分重視大陸軍內部南北兩方士兵之間的關係，號召他們應互相團結，從建制和思想上凝結成為一個整體。當時，大陸軍中大多數的士兵都來自北部的新英格蘭，而華盛頓則來自南方的維吉尼亞，但他完全拋棄了地域概念，對全體將士都一視同仁。

經過一段時間的治理整頓，大陸軍的面貌發生了巨大的變化，雖然還不能完全達到正規軍的各項標準，但畢竟是朝著這個方向邁進了一大步。

（二）進攻波士頓

在對軍隊進行整頓之後，華盛頓認為可以採取主動的軍事行動了。於是，他開始擬定攻擊英軍、奪取波士頓的作戰計劃，並著手進行相應的軍事部署。

然而，由沃德、查理斯·李和普特南等人組成的軍事委員會卻顧慮重重，認為機會還不夠成熟，需要耐心等待。華盛頓的作戰計劃曾前後三次遭到否決。

時間一天天過去，大陸軍在備戰和尋找戰機的過程中迎來了一七七五年的冬天。麻薩諸塞的冬天十分寒冷，大陸軍的將士們陷入重重困難之中。建築過冬的營舍，購買棉衣和燃料等，都需要大筆的資金，糧草和彈藥也急需補充。在這嚴酷的生活環境中，戰士們叫苦不迭，思鄉和厭戰情緒也日漸蔓延，軍紀開始渙散。

就在這最困難的時刻，華盛頓的夫人瑪莎在兒子和兒媳的陪同下從家鄉乘坐馬車來到了軍營。由於路途遙遠，天氣寒冷，他們走了半個多月才到達麻薩諸塞。瑪莎從未有過風餐露宿的艱苦經歷，但這次旅行證明她是一位十分堅毅的女性。

在臨行前，瑪莎做了大量的準備，攜帶了許多燻肉、野味、乾果、魚乾一類的食物，還帶了一大車的衣服、日用品等。兒子約翰．帕克．卡斯蒂斯則以費爾法克斯郡專使的身分，給大陸軍帶來了一筆經費，為部隊補充給養。

從這以後，大陸軍的營地裡就增加了一位可愛而高貴的總司令夫人。瑪莎很快就贏得了全體將士的尊敬和崇拜，她帶來的一大堆食物等更如雪中送炭。她對待士兵也十分友好，每次遇到士兵，總是親切而耐心地詢問他們的生活和健康狀況，甚至問及一些家庭瑣事，那種關心和專注的神態就好像一位慈祥善良的母親見到了久別歸來的兒女一樣。

一七七六年元旦，大陸軍司令部上空升起了第一面紅白相間、飾有十三條橫槓的旗幟。它象徵著北美十三個殖民地為爭取權利和自由而團結戰鬥的精神。後來，在這面旗幟圖案的基礎上，左上角又多了一塊藍底白五角星，星數與美國的州數相同，這就是美利堅合眾國的國旗。

年初，大陸會議和各地議會籌措的物質、經費以及招募的新兵也陸續抵達這裡，全軍上下再一次煥發出巨大的戰鬥熱情，積極投入到備戰工作當中，準備迎接血與火的洗禮。

（二）進攻波士頓

二月上旬，波士頓地區一反入冬以來溫暖如春的天氣，突然颳起了凜冽的寒風，使久久未凍的波士頓港也開始封凍。華盛頓認為，這是利用冰凍的海面運輸部隊進攻波士頓的大好時機，於是再次向軍事委員會提出進攻作戰的具體計劃。然而軍官們認為，營內兵力不足，彈藥也不算充足，進攻時機還不到。華盛頓的計劃再次受挫。

就在華盛頓為計劃不能實施而懊惱不已之際，亨利．諾克斯上校帶領士兵們經過長途跋涉，穿過冰凍的湖面和白雪皚皚的荒原，用牛拉雪橇從香普蘭邊疆前線運來了五十多門大砲、迫擊炮和榴彈砲，還有其他許多軍用物資。這無疑是雪中送炭。

由於諾克斯具有砲兵專家的才幹，大陸會議曾根據華盛頓的提議任命他為砲兵團團長。這一次，諾克斯以其出色的才幹完成了任務，更獲得了華盛頓的信任，為其此後的政治發展奠定了基礎。

二月二十七日，波士頓傳來消息：英軍正在策劃占領多徹斯特隘口。華盛頓覺得應該搶先行動。三月二日，他再次召開軍事會議，決議在三月四日晚，由托馬斯將軍率領的二千名精銳士兵攻佔了高地，普特南將軍派出四千名士兵攻打波士頓交通要塞，以牽制英軍的主力。

第八章　收復波士頓

三月二日當晚，為轉移英軍注意力，大陸軍的一些大炮開始向英軍炮軍開炮轟擊。英軍不明就裡，驚恐萬分，倉皇迎戰。剎那間，波士頓城內外變成了砲彈傾瀉的場所，砲彈的呼嘯聲和爆炸者震耳欲聾。

四日晚，皓月當空，在驚天動地的炮擊聲中，托馬斯將軍率領軍隊悄悄地出發了，八百名精兵在前面開路，後面是一千兩百人組成的工程隊。利用夜色和煙霧作為掩護，三百輛馬車裝載著大量的建築材料，以最快的速度衝上多徹斯特高地，並立即開始構築工事。到第二天黎明時分，幾座碉堡已經巍然聳立在高地上了。

面對這一驚人的奇蹟，英軍將領們簡直不敢相信自己的眼睛。他們意識到：多徹斯特高地的丟失已使戰場優勢轉移到大陸軍隊一邊了，這樣一來，英軍陣地及其海面艦隊完全暴露在美軍的炮火射擊範圍之內了。英軍總指揮豪將軍更是驚訝不已，稱「叛軍一夜之間完成的工作量比所有英軍一個月完成的工作量還要多」。

三月五日這天，恰好是波士頓慘案發生六週年紀念日。回首過往，華盛頓深感肩頭責任的重大與神聖，於是他以莊嚴的口氣對全體將士說：

「復仇的時刻已經到了，北美人民的目光正在註釋著我們的一舉一動，我們絕不能讓他們失望！」

士兵們也早已按捺不住激憤的心情了，紛紛高呼殺敵雪恥的口號，以表達自己戰鬥到底的決心。

（三）擊退波士頓英軍

多徹斯特高地的丟失，讓英軍完全處於美軍的炮火打擊之下。英國海軍司令沙爾達姆向豪將軍表示，只要多徹斯特高地掌握在美軍手中，他的艦隊就不能停泊在波士頓港內，以免被對方的炮火擊沉。為了挽救危局，豪將軍決心奪回多徹斯特高地。於是，他馬上命令博西勛爵率領二千五百名英軍由水路從東面進攻多徹斯特高地。

當天晚上，英軍趁美軍尚未站穩高地，指揮軍隊進行反撲。同時出動多路兵力，水陸並進直撲多徹斯特高地。誰知突然間風暴乍起，暴雨傾盆而下，洶湧的波濤讓英軍的運兵船根本無法前行，豪將軍的計劃也徹底泡湯。

第二天，大雨仍然不停，大陸軍反而居高臨下，不時用大砲轟擊英軍陣地，令其無法集結部隊發起反攻。而且，大陸軍已利用戰鬥間歇加固了陣地，調配了兵力，英軍已失去反攻的機會。

三月七日，豪將軍決定撤離波士頓。然而由於風向之故，英軍遲遲沒有撤離。華盛頓擔心英軍使詐，便進一步施加兵力。三月十六日，華盛頓將陣地向前擠壓，並連夜修築一道牆，又派人假傳情報，稱大陸軍打算發起總攻。

然而，狼狽不堪的英軍再也無心戀戰。三月十七日凌晨，英軍便開始了緊張而混亂的撤退。不久，普特南率領的美軍控制了波士頓全城，象徵著北美聯邦的星條旗終於飄揚在波士頓上空。

十八日，華盛頓策馬揚鞭進入波士頓市區，受到了廣大市民的夾道歡迎。北美殖民地軍民在圍困波士頓十個月後，終於光復了這一座曾為捍衛北美殖民地人民的自由和權利而付出高昂代價的城市。

波士頓的光復，對北美殖民地人民反抗英國暴政的戰爭來說，無疑是造成了巨大的鼓舞作用。在這持續一年的圍困戰中，華盛頓雖然沒有表現出驚人的軍事壯舉，但他盡職盡責的精神和駕馭全軍的才能已為人們所熟知，因此也受到了全體北美殖民地人民的讚賞。正是靠著這種才能，他才在短短的數月內將一群散沙一樣的大陸民兵整頓成為一支正規軍隊，並克服重重困難，將裝備精良的英國軍隊趕出波士頓。

三月二十五日，大陸會議根據約翰·亞當斯的提議，一致通過決議，表彰華盛頓及大陸軍官兵的勇敢行為，下令鑄造印有波士頓光復者華盛頓頭像的金質獎章，以紀念這次波士頓戰役的勝利。

華盛頓在獲得這一消息後，立即致函大陸會議，表示：

「我已經在『總司令』中向我所指揮的官兵傳達了大陸會議對他們在擔負軍職時的良好品行的感謝，我們很高興有這樣一個機會對他們的功勞給予公證的表彰。最初，他們的確是『一夥缺乏紀律的農民』，但是，由於他們的勇敢善戰和忠於職守，我才得以獲得成就。這種成就給我帶來了我想得到的唯一報酬，那就是同胞們對我的愛戴和尊重。」

（三）擊退波士頓英軍

第八章　收復波士頓

第九章 《獨立宣言》與長島之戰

自由一旦扎根，就會像植物一樣迅速生長。

——華盛頓

(一) 獨立已成為一選項

就在波士頓戰役進行期間，北美其他地區的人們也紛紛拿起武器，與英國軍隊展開戰爭。在南部戰場，在加拿大戰場，北美軍隊都給英軍以重創。武裝戰爭愈演愈烈，已經從局部蔓延到英屬北美殖民地的各個角落，並有繼續擴大的事態，很可能會發展成為一場擴日持久的大戰。而隨著戰爭的深入發展，一個急待解決的問題也越來越明確地擺在北美人民面前：北美人民到底是為何而戰？

當時，大多數革命者都認為，北美採取種種經濟和軍事措施與英軍作戰，其目的僅僅是迫使英國當局放棄對殖民地的壓迫性政策。而一旦這個目的達到了，北美就會放下武器，與英國政府破鏡重圓。

北美各地的群眾基本也抱有如上想法，他們仍然認為自己是大英帝國的臣民。雖然他們也積極地拿起武器參加反英戰爭，但目的只是希望能用這種方式迫使英國政府作出讓步，使北美恢復到一七六三年以前的局面。

因此，在當時大多數北美人看來，獨立與「叛國」沒什麼兩樣。即使個別激進分子有獨立的想法，也不得不將這種想法放在心裡。

（一）獨立已成為一選項

在這個問題上，華盛頓當時的觀點也未能超越他的同代人。他認為，獨立只會引起更大的混亂，令北美陷入無休止的災難之中。因此，他主張北美人民應該為「正義」而戰，迫使英國當局改變主意，尊重北美人民的權利和自由。他還認為，英國國王喬治三世是個寬厚仁慈的君主。所以，直至一七七六年初，華盛頓還總是虔誠地為英國國王的健康而乾杯。

然而從一七七六年初開始，形勢發生了急遽性的變化，英國國王喬治三世三番五次地拒絕北美殖民地人民要求和解的請願書，並蠻橫無理地宣布：北美處於叛亂狀態。他還多次揚言要絞死殖民地每一個叛亂的首領。

秉持國王的旨意，英國政府將幾萬精銳部隊都紛紛運往北美地區，對那裡的人民進行了殘酷的鎮壓，英軍的鐵蹄踏遍了北美的廣大城鄉地區，對人民的財產和生命安全造成了巨大的損失。事實證明：英國國王是決心要用屠刀將北美人民的戰爭扼殺在血泊之中的。北美人民也越來越清楚地認識到了這一點。

形勢可以催人覺醒！北美人民對英王最後的一點幻想也破滅了。從一七七六年春，要求「獨立」的呼聲開始在北美上空響起，大陸軍也越戰越勇，各地的愛國勢力逐漸火熱起來。他們驅逐了英王任命的總督，解散了官方的議會，建立起新的議會和革命地方政權。北美革命力量已經控制了十三個殖民地中的十一個，英國在北美在殖民統治開始動搖了。

就在這時，費城出版了一本政治性的小冊子——《常識》，作者是湯瑪斯．潘恩。這本小冊子的公開發表，立即給北美人民的革命戰爭注入了一種新的動力。

（二）獨立宣言

湯瑪斯．潘恩是一位傑出的民主主義者和政論家。他出身於英國教友家庭，一七七四年作為契約奴隸來到北美，經富蘭克林介紹，在《賓夕法尼亞》雜誌擔任編輯。潘恩對社會底層人民的艱苦生活有著深切的感受，曾撰文反對黑奴制度，支持反英運動。他認為，很有必要將抗英戰爭的真正目的弄清楚，應鮮明地提出爭取獨立的口號，並昭告全體人民。因此，他寫成了《常識》一書。

潘恩在《常識》中指出，北美殖民地人民以前向英國國王和政府所作的請願、陳情等，都已像「美夢」一樣過去了。「論戰已經結束，作為最後手段的武力將決定著

（二）獨立宣言

這場戰爭！」他還從北美的實際利益出發，提出了擺脫英國統治的理由：「北美的真正利益在於避開歐洲的各種紛爭，如果它由於對英國人處於從屬地位，變成英國政治天平上的一個小砝碼，它就永遠不能置身於紛爭之外。」

《常識》的出版，回答了北美殖民地人民該何去何從的問題，使方向不甚明確的北美領導者們豁然開朗，從此有了新的革命方向和革命精神。同時，對獨立和自由的嚮往也讓北美人民決心與那個不公正、不道德的國家一刀兩斷。

一七七六年六月十日，大陸會議在一片要求獨立的呼聲中召開了。會議選舉產生了一個五人委員會，負責起草關於宣布獨立的文件。

七月四日，大陸會議經過兩天的祕密討論，終於通過了由湯瑪斯．傑佛遜主筆起草的《獨立宣言》。頃刻，維吉尼亞議會大廈上響起了悠揚而莊嚴的鐘聲，它向全世界鄭重宣告：一個偉大的國家從此獨立了！

《獨立宣言》以犀利的筆調歷數了英國政府對北美殖民地人民犯下的種種罪行，同時鄭重宣告：北美各殖民地根據天賦人權和社會契約學說，解除對英國國王的一切隸屬關係，成立獨立自由的美利堅合眾國。這一天也成為美國舉國同慶的獨立日。

在大陸會議討論宣布獨立這一大事的日子裡，坐鎮紐約的華盛頓密切地關注著會議的進展。他十分焦急，認為會議進行得過於緩慢，希望能儘早發表有關獨立的文件。他甚至認為：如果半年前就宣布獨立的話，北美人民不僅能控制住加拿大，還可以與許多其他國家結成同盟，一起反對英國，而且還能防止許多身居高位者因英方的欺騙和恐嚇而倒向效忠英方的一邊。

七月八日，在陣陣的禮炮聲中，《獨立宣言》正式在費城向人民宣讀。七月九日，《獨立宣言》的正式文件被送到華盛頓手中，華盛頓異常激動，下令當晚就向全軍轉達。

當晚六點整，美軍以旅為單位，在各自的練兵場上靜靜地傾聽著宣讀《獨立宣言》。宣讀完畢後，華盛頓以一種預言家的口吻告訴將士們：

「《獨立宣言》將進一步推動每一位軍官和士兵以忠誠和勇敢來行動，領悟到現在在上帝的統轄下，他們的國家的平安與安全將完全取決於他們手中武器的勝利。」

當天，激動萬分的紐約民眾和士兵們都無法控制自己那種狂瀉不止的喜悅之情，紛紛走上街頭舉行慶祝活動。最後，他們同大陸軍士兵們一起將城堡前木球草地上安放的一座喬治三世的鉛制雕像推倒砸碎，並將它熔鑄成子彈，以表明自己擺脫英國殖民統治和捍衛獨立的決心。

（三）紐約保衛戰

就在北美人民為《獨立宣言》的發表而歡欣鼓舞之時，紐約的形勢日益緊張起來。早在華盛頓出任大陸軍總司令時，就對英美敵對雙方的勢力進行了比較和研究。現在，北美雖然打了幾次勝仗，趕跑了威廉．豪將軍，收復了波士頓，但並沒有從根本上給予英國以打擊，力量依然比英國薄弱，甚至可以說差距十分懸殊。現在，美國又發表了《獨立宣言》，英國當局對這個新生的美國政權及其大陸軍隊更是恨之入骨了，因此遲早會再次對北美發起攻擊。

果不其然，一七七六年六月，從波士頓撤走的英軍總司令威廉．豪將軍在經過一番休整後，又重整旗鼓捲土重來了。這一次，他率領的軍隊除了英國正規軍外，還包括德國黑森僱傭軍，總計有三萬多人。如今，豪將軍兵強馬壯，海陸並舉，準備南下一舉攻佔紐約和哈德遜河，徹底粉碎北美的獨立政權。

七月十二日，豪將軍的兄弟、海軍上將理查·豪統帥的艦隊耀武揚威地駛進了哈德遜灣，兵臨紐約城下。

根據英國政府的指令，此次豪上將前來，採取的是先禮後兵的策略。他被授權宣布，只要北美人民停止叛亂並恢復一切秩序，英國國王便可以寬恕他們。不久，豪上將就派布朗海軍上尉為信使，前往紐約城內拜見華盛頓，並在招降書的封套上含糊地寫著「華盛頓先生收」。這其實就說明：英方並不承認美國是個主權國家，因此也不承認他們的軍銜職務。

對此，華盛頓及其下屬認為這是英方對他們的侮辱。尤其是華盛頓，自從英法衝突中進入軍界時，就總是遇到這個讓他憤然的問題。現在，他作為一個獨立的美利堅合眾國的總司令，自然更重視這一關係到國家權力和尊嚴的問題了。

因此，華盛頓正告英國使者：作為一個維吉尼亞種植園主和美國公民，他無權接見英國王室的使者；函件如果是致大陸軍的將領，他則拒絕接收沒寫明正式官銜的公文和信函，因為這關係美利堅國格和民族尊嚴的問題。堅持獲得對方的尊敬，是他對國家及其職務應盡的責任。

見信件無法遞上，布朗上尉只要口頭轉達了豪上將信件中的內容，稱只要大陸軍放下武器，與英國政府和解，便能得到英王的寬恕。對此，華盛頓針鋒相對地指出：

「沒有過失的人無需獲得別人的寬恕，美國人的情況就是這樣。他們今天的行為，僅僅是在捍衛自己毋庸置疑的權利而已。」

華盛頓這位大陸軍總司令在與英方打交道時的不卑不亢、自尊自愛的態度，獲得了大陸會議和全體軍官的一致讚賞，同時也讓英軍認識到：以華盛頓為代表的美軍將領是不可侮辱的。

（三）紐約保衛戰

招降失敗，英軍便原形畢露，立即準備進攻紐約城。華盛頓很清楚，以自己一萬兩千多的新兵抗擊三萬多名精銳的英軍，顯然是不可能勝利的。但大陸會議已決議死守紐約，華盛頓沒有選擇的餘地，只能勇敢地肩負起保衛紐約的重任。

為了保衛紐約城，華盛頓採取了一系列措施來加強美軍的防禦工作，同時下令：立即遣散隨軍家屬，將有通敵嫌疑的親英分子立即遷移到遠離紐約的地方，將軍中所有的機密文件集中轉交大陸會議保存，等等。

在對各方面的情報進行分析後，華盛頓判斷，敵人很可能會派軍隊在長島登陸，進攻布魯克林高地。因為布魯克林是一座橫貫長島的孤立山脈，與紐約城正面相對。如果英軍占領那裡，就會令紐約城完全暴露在英軍炮火的有效射程之內。故而華盛頓馬上派格林將軍率領主力在布魯克林高地駐守，然後自己率領一部分兵力鎮守紐約市區。

然而，事後證明這一部署是錯誤的，因為部隊主力集中在布魯克林高地，一旦被優勢的敵人包圍，就有全軍覆沒的危險。偏偏在此時，精明幹練的格林將軍又因勞累過度病倒了，華盛頓只好調遣普特南將軍接替格林將軍的職務。這樣一來，普特南將軍所轄的部隊指揮不靈，一些偏僻卻很重要的道路都沒有派兵據守。

八月二十二日清晨，長島上空傳來了炮聲和射擊聲，英軍已開始在長島進行登陸了，這與華盛頓的判斷相符。然而英軍在進攻遇到美軍的零星抵抗後，便停止了前進。這說明，他們還在進一步調整策略。

八月二十六日夜間，在夜色的掩護下，英軍再次出動了。英軍的右翼部隊在亨利．克林頓將軍的率領下，越過原野，直奔貝德福德山嶺隘口。當他們打算發起進攻時，卻意外地發現這裡根本沒有美軍把守，於是順利地占領了這裡，控制了美軍的左翼。英軍的左翼部隊在格蘭特將軍的率領下，向美軍右翼推進；由德海斯特中將率領的黑森僱傭軍則從中間推薦。這樣，英軍就對布魯克林的美軍形成了合圍之勢。

二十七日天剛剛亮，英軍就對布魯克林發起了總攻，打得美軍措手不及。雖然美軍作戰勇猛，但在三面受敵的情況下，終因人數、裝備等方面大大遜於英軍而遭受到重大損失，死傷兩百多人，被俘近千人。

戰鬥打響後，華盛頓正好從紐約趕到長島。他親眼目睹了這場慘劇，但卻無力制止，不禁仰天長嘆：

「上帝啊，你讓我失去了多少勇敢的弟兄啊！」

第九章　《獨立宣言》與長島之戰

George Washington

第十章　節節敗退

我的政策向來是，而且只要我執政一天，將來也仍然是：與地球上的一切國家保持友好關係，但也不受任何國家的支配而保持獨立；不參與任何國家的爭端；……除非為了自我尊嚴和國格所不可或缺的正義，我們絕不捲入戰爭。

——華盛頓

（一）撤出紐約

長島戰役失敗後，華盛頓對長島戰區的形勢進行了冷靜的分析。在沉重的打擊之後，美軍元氣大傷，不僅人員減半，將士們也都顯得疲憊不堪，情緒低落；而英軍由於打了勝仗，情緒異常亢奮，他們大軍壓境，躍躍欲試。同時，英軍的艦隊也在近海頻繁游弋，準備與陸軍偕同作戰。一旦敵艦開入海灣，切斷長島與紐約之間的聯繫，美軍就徹底成了甕中之鱉，只有挨打的份兒了。面對這種形勢，華盛頓當即立斷，決定於當晚從海路撤出長島。

深夜十一點左右，呼嘯的北風攜帶著團團黑雲籠罩在紐約的上空，陣陣拍案的濤聲掩飾了美軍在陣地上的細微響動。美軍開始了悄悄的撤離行動，一團接一團的大陸軍官兵離開陣地，悄悄地向東渡河口撤退。誰知道在撤退過程中不知何故，一門大砲突然發出了一聲轟然巨響，將行進中的美軍嚇了一大跳。所幸的是，英軍沒有察覺。

漸漸地，濃霧從四面聚攏過來，遮住了附近的海面，船隊順利地起航了。華盛頓是最後一個登船離岸的人。當看到船隊在大霧的掩護下陸續到達對岸時，他才深深地鬆了一口氣，在心中默默祈禱：

「上帝保佑，美利堅民族又渡過了一次險關。」

經過一整夜緊張有序的撤退，長島大部分守軍終於在天亮以前到達了對岸。結果除了數門重炮以外，美軍安全順利地將一切人員和屋子撤運到紐約。

對於一個軍事指揮官來說，不僅要能攻善守，還要善於撤退。能將數千人馬的大部隊從敵人的眼皮下面撤走，簡直就是指揮藝術中的天才傑作。這一次巧妙而成功的突圍，讓華盛頓再一次名聲大振。

八月三十日清晨，豪將軍一覺醒來時，布魯克林高地上的美國鄉巴佬們竟然奇蹟般地消失了！他無論如何也想不到，華盛頓手下的士兵與英國那些只會列隊前進的正規軍完全不同，他們會「像流水一樣繞過障礙，順著水流般流走了」。

部隊雖然安全地撤出來了，可是放棄長島卻使紐約失去了天然屏障，全市區已經完全暴露在英軍的火力射擊之下。如此一來，城內軍民人心惶惶，整個部隊的士氣也應長島一戰的失敗而一蹶不振。戰士們虎口逃生，一個個情緒低落，開小差的人日益增多。

肩負守城職責的華盛頓，見此情景心急如焚。九月二日，他在給大陸會議的信中寫到：

我們的處境極其艱難。由於我軍在上月二十七日受挫，士兵精神沮喪，悲觀失望。民兵不但不盡力奮勇抗戰以彌補我們的損失，反而灰心喪氣，急於離隊回家……我不得不承認，我對大部分軍隊缺乏信心。如果我們的自由不是用一支永久性的常備軍來保衛，那麼我們的自由就會處於危險的境地。

雖然華盛頓的情緒也很糟糕，但他還是恪盡職守。在研究英軍的調動情況後，他得出結論：英軍意欲以軍艦有效地扼制正面防線，然後在大陸軍背後占領陣地，切斷美軍與大陸的聯繫，將美軍困在紐約，逼迫美軍在人員、裝備等極端不利的條件下決戰，或無條件投降；或者以兇狠的突擊將美軍分割成塊狀，劫取他們的武器裝備和軍用物資，然後分而殲之。總之，英軍的目的在於誘逼美軍與其決戰，以快速結束這場戰爭。

基於以上分析，華盛頓認為，如果不讓敵人的陰謀得逞，就必須避免與英軍決戰，最大限度地保存自己的實力。九月五日，仍在病榻上的格林將軍致函華盛頓，建議美軍放棄可能被英軍切斷退路的紐約市區及島嶼。至此，華盛頓更加確信自己的分析是正確的。

（二）慘敗

九月七日，華盛頓召開軍事會議，委員們經過反覆討論，最終決定：將美軍分成三部分，普特南將軍率兵五千人駐守紐約；西斯將軍率兵九千人駐紮在曼哈頓高地，阻止英軍的登陸企圖；華盛頓自己則率領數團人馬駐守在紐約與大陸之間唯一的通道國王大橋及其周圍地區。

九月十日，大陸會議授予華盛頓放棄或保衛紐約的最高決策權。隨即，華盛頓召開第二次軍事會議。在會上，他不顧少數人的反對，堅決撤出紐約，並運走所有的軍需物資。

與此同時，英軍已在逐漸縮小包圍圈，一步步向紐約城進逼。九月十三日，分別裝有四十門和二門大砲的兩艘軍艦沿著東河而上，發射的排炮落在了美軍人群當中爆炸，有一顆砲彈甚至落在了距離華盛頓六英呎的地方。也許是天意，這位美軍司令竟然毫髮無損。華盛頓知道，英軍已經開始行動了，他加快了撤退的步伐。

九月十四日，美軍撤至國王大橋。這座橋跨過斯皮登杜伊維河，是曼哈頓島通往大陸的唯一橋梁。然而在這裡，美軍遭到了英軍的突然截擊，犧牲了數十人，部隊一度出現混亂。華盛頓親自在前沿沉著指揮，穩定軍心，終於打退前方的英軍。而後，華盛頓決定放棄紐約北郊的陣地，加快撤離速度，且戰且退。

在撤退過程中，大陸軍除了要對付敵人的進攻外，還面臨一個更加嚴峻的問題：部隊正在大量崩解！由於形勢日漸困難，人員傷亡十分慘重，導致軍心不穩，一些民兵臨陣脫逃，接著正規的大陸軍士兵也加入到逃跑的行列。這種情況讓華盛頓既憤怒又無奈，同時也更加急切地感到建立一支常備正規軍的必要。

九月二十四日，華盛頓給大陸會議寫了一封長信，信中首先以懇切的語言力陳了短期兵役制對戰局所造成的弊害和組建一支常備軍的理由。他寫道：

我們的部隊目前似乎面臨著再一次瓦解。……對於常備軍的提防及所擔心的種種弊害，均非眼前所應考慮之事，按照我們目前的情況來看，我認為不足為懼。但根據我近來的一些想法，如果現在缺乏一支常備軍，毀滅的後果將不可避免。如果要我宣誓作證，究竟民兵總的方向來看是有益還是有損，我將會同意後者。

這份信雖然寫得潦草，但卻包含了大陸軍血的教訓和幾個月來華盛頓對一些問題的認真思考，因此字裡行間都閃爍著他的真知灼見和求實精神。

此時，大陸會議也已從事實中逐漸認識到組建常備軍的必要性和緊迫性，因此很快就同意了華盛頓的主張，頒布命令：將大陸軍改組為常備軍，各州根據各自的能力按定額提供兵員。至於官兵的待遇問題，則基本上採納了華盛頓的建議，提高軍官軍餉，給予在整個戰爭期間服役的士兵以一定的獎勵。

（二）慘敗

此刻，華盛頓的當務之急是要判斷英軍的動向。不知何故，英軍在獲得一些勝利後忽然又按兵不動了。這讓華盛頓大惑不解。據他推測，英軍可能會進軍紐澤西，威脅大陸會議所在地費城。而事實上，英軍此刻並沒有採取任何行動，而是在等候補給品和援軍。然而，英軍的按兵不動使他們喪失了重創美軍的良機，華盛頓的人馬幾乎全部在哈萊姆高地上集結起來。

十月下旬，美軍在哈萊姆高地休整過程中，與英軍發生了一次遭遇戰，小挫英軍，但並未令整個形勢發生好轉。

第十章　節節敗退

十一月初，敵軍主力部隊突然放鬆對美軍的追擊，去向不明。華盛頓感到其中必有蹊蹺，便派人四處打探消息。大約在七日前後，華盛頓獲得準確情報：敵人各路部隊正悄悄向華盛頓堡附近集結。華盛頓忽然意識到：英軍很可能要奪取美軍的這座屯兵要地。

華盛頓堡是位於哈德遜河突出部位的一座要塞，位於哈萊姆高地和利堡之間，儲有大批的糧草等軍需物資，格林將軍正帶領五千人駐守在那裡，旨在阻止英軍艦隊從哈德遜河入侵內地。但事實上，這座堡壘對攔截敵人的艦隊並沒有多大作用，眼下又面臨被圍困的危險。

因此，華盛頓馬上寫信給格林將軍，要他儘早撤離該堡。可格林卻不聽勸告，固執地認為該堡具有重要的策略意義，且易守難攻。即使遇到危險，也能隨時撤離，因此不能放棄。

十一月十六日，英軍果然對華盛頓堡發動猛烈進攻。美軍雖然拚死抵抗，但由於該堡地面狹小，大部隊根本沒有迴旋的餘地。結果美軍死傷慘重，最後在萬般無奈的情況下只能繳械投降。

當華盛頓獲悉華盛頓堡失守，許多放下武器的士兵慘遭黑森僱傭軍殺害時，忍不住失聲痛哭……

（三）不斷撤退

華盛頓堡的失守，對逆境中的美軍來說是一次重大的打擊，損傷兵員二千多人，其武器裝備在美軍中也是較為優良的，而且還有大批的軍需物質和糧草。然而緊接著，一次更為沉重的打擊又降落在美軍頭上。

這時候，查理斯·李將軍的職務是大陸軍副總司令，帶領四千人在距離華盛頓不遠的地方駐紮。英軍在奪得華盛頓堡要塞後，豪將軍親自率領五千名英軍逼近李將軍的部隊，同時另派一支精銳部隊直撲華盛頓的總部。

華盛頓在接到情報後，立即率部撤退到紐瓦克，避免在不利的情況下與敵軍決戰；同時命令李將軍火速靠攏，兩支主力儘快會合。然而李將軍卻拒絕執行命令，找各種理由搪塞拖延，還稱將會對敵發動小規模的襲擊，活捉敵軍部隊首領羅傑斯等等。其實，他的真實意圖很明顯：他看到華盛頓已處於最危難的時刻，與其幫他，不如讓他一敗塗地，這樣自己就能擔任大陸軍總司令了。在他看來，這正是自己時來運轉的好機會。

對於李將軍託詞遲遲不率部前來會合，華盛頓感到極為不滿。無奈之下，華盛頓只好率兵一撤再撤。十一月二十八日，美軍剛剛離開紐瓦克，撤向新布藍茲維，康華利所率的英軍就進入到這一城鎮。

華盛頓率部到達新布藍茲維後，仍遲遲不見李將軍援軍的蹤影。十二月一日，英軍先遣部隊追至達利塔河對岸。華盛頓清楚，自己這支少得可憐的部隊是無論如何也抵不過英軍的，乾脆三十六計走為上。於是，他命令部隊拆毀達利塔河上的橋梁，阻止英軍過河，自己則繼續率部退卻。

十二月八日，華盛頓率部到達德拉瓦，並在瑟瑟的寒風中渡過德拉瓦河，進入賓夕法尼亞進內。此時已進入寒冬季節，氣溫驟降，英軍追至江邊時，發現所有船隻都被華盛頓帶走了，只好停止追擊，這才讓華盛頓這支疲憊不堪的部隊暫時獲得喘息的機會。

隨後，華盛頓再次致函李將軍，讓他馬上率部前來會合，以防敵人運來船隻繼續追擊，進攻費城。

就在華盛頓率領大陸軍浴血奮戰之時，李將軍卻在隔岸觀火。在華盛頓的一再催促之下，李將軍才開始以每天三英里的緩慢速度準備與華盛頓去會合。十二月四日，他們才渡過哈德遜河。

十二月十三日，李將軍在到達莫里斯城不遠的維爾城，將部隊交給沙利文將軍指揮，自己就宿於遠離軍營的一家客棧休息，不幸的事情發生了：尾隨而至的英軍騎兵突然包圍了這家客棧，李將軍束手被擒。

英軍在俘獲了李將軍後欣喜若狂，鳴炮以示慶祝。他們苛刻地對待這位曾在英軍部隊中服過役的美軍高級將領，使這位傲氣十足的將軍受到了種種侮辱。而他指揮下的四千名美軍，全部由沙利文將軍帶回到華盛頓麾下。

(三) 不斷撤退

自從一七七六年下半年以來，美軍的獨立事業因一系列的挫折和失敗處於嚴重的危機之中，致使整個大陸軍因連遭敗績而意志消沉。現在，嚴冬又到來了，更令缺吃少穿的大陸軍雪上加霜。英軍報刊因此語言：大陸軍行將「土崩瓦解」。

第十章　節節敗退

在這種困難的形勢下，華盛頓會如何打算呢?此時，他性格中光輝的一面顯露出來。雖然他心情沮喪且屢屢受人非難，但仍以極大的堅韌、勇敢以及深深的責任感堅持著他那困難重重的職責，決心為捍衛自己國家的獨立事業奮鬥到底。正是在這種不屈不撓、堅定不移的精神鼓舞之下，才使美國人民的獨立事業在極其艱難的形勢下能夠繼續下去。

George Washington

第十一章　兩次力挽狂瀾

衡量朋友的真正標準是行為而不是言語。

——華盛頓

（一）特倫頓戰役

一七七六年的冬天，戰敗的美軍遭遇了前所未有的艱難，但華盛頓覺得，眼下部隊最缺乏的不是糧食、衣服，也不是槍支、彈藥，而是一種精神，一種高尚的愛國情操和勇敢無畏的獻身精神。因此，必須想辦法提高部隊的士氣。只有這樣，部隊的士氣才能重振，才有勇氣戰勝敵人。

在這期間，華盛頓經常想起《常識》的作者湯瑪斯．潘恩先生。當初他所寫的這本小冊子，讓無數美國人都受到了巨大的鼓舞，從而堅定地走到民族獨立的旗幟之下。正好潘恩先生現在是格林將軍的副官，因此華盛頓找到他，希望這位民主鬥士能在革命面臨困難的緊要關頭，繼續用他犀利的筆鋒為革命出力，給大陸軍精神上的鼓舞。

潘恩為華盛頓的真情所感動，立即著手寫作。每晚宿營，他都在微弱的燈光下奮筆疾書。十二月十九日，潘恩發表了一篇題為《美國危機》的文章，以高亢激昂的筆調讚揚了華盛頓的堅定信念，鼓勵戰士們繼續為正義事業而戰鬥。文章指出：

……考驗人們靈魂的時刻到了。在這次危機當中，那些意志薄弱的人們——那

（一）特倫頓戰役

些只能過好光景的士兵和在順利環境中當一名志士的人們，現在對於為祖國、為人們服務卻畏縮不前了。只有現在還真正經受得住考驗的人們，今天才值得全美利堅合眾國上下全體人民的愛戴。

潘恩的文章讓華盛頓再一次受到鼓舞。為了鼓舞士氣，他下達命令：在戰鬥之前，必須在動員會上高聲宣讀《美國危機》。從此，大陸軍士兵總是高呼這樣一個口號——「考驗人們靈魂的時刻到了」。這個口號極大地鼓舞了士氣，伴隨著美國民族革命戰爭從失敗中逐漸走向勝利。

轉眼間，聖誕節就要到了，美國獨立戰爭的第一個年份——一七七六年即將結束，北美大地上空風高雲集，陰霾密布。如何迎接這個盛大的節日？此時，華盛頓的心中醞釀出一個大膽的計劃。

自從華盛頓堡失守後，華盛頓一直都在考慮發動一次對英軍的突襲戰，狠狠地打擊一下英軍，挫一下英軍的囂張氣焰。十二月中旬，約翰·卡德瓦拉德上校率領一支費城支援部隊趕來增援，為大陸軍補充了新鮮血液；十二月二十日，沙利文率領李將軍的殘部趕到華盛頓這裡報到。這樣一來，大陸軍的總兵力就增加到近六零零零人。而此時，全軍又讀了潘恩的《美國危機》，士氣再振，戰士們紛紛要求上陣殺敵。更重要的是，馬上就要到聖誕節了，在這狂歡的日子裡，驕橫的敵人一定會麻痺大意，疏於戒備，正是美軍發動突襲的好機會。時下已是十二月下旬，不久寒潮一到，德拉瓦河就會結冰，那時英軍就會從冰上向美軍發起進攻。因此華盛頓認為，搶走敵人行動之前突襲一次，時機已經完全成熟。

十二月二十五日傍晚，華盛頓統率一路人馬共二千四百人，攜帶二十門小炮，悄悄來到麥康基渡口，準備天黑後在夜色掩護下急速渡河。

日落時分，部隊開始登船渡河。此刻的天氣彷彿有意考驗這支已處境相當艱難的軍隊，變得異常寒冷，刺骨的寒風怒號著，鵝毛般的大雪漫天飛舞。所幸的是，漆黑的夜晚成了這支部隊的天然掩護物。

由於氣候惡劣，河面上風急浪高，原定半夜十二點以前渡過全體人馬的計劃直至凌晨四點才完成。這樣一來，天明之前襲擊駐紮著英軍的特倫頓已不可能了，華盛頓下令：將部隊分為兩路，一路由他親自率領，迂迴到特倫頓北側；另一路由沙利文將軍指揮，從特倫頓西面向特倫頓發起攻擊。

隨即，華盛頓一聲令下，兩路隊伍分頭行動了。厚厚的積雪減輕了美軍前進時的腳步聲和炮車發出的咕嚕聲，一路上也沒有被敵人發現。

二十六日上午八點左右，華盛頓部到達特倫頓附近的村莊，在一個砍柴人的幫助下，先遣部隊迅速控制了敵人的前哨部隊，接著便殺入村中。激烈的槍炮聲驚醒了還在睡夢中的黑森僱傭兵，特倫頓立刻陷入一片混亂之中，許多人未及穿好衣服，就急忙拿起槍倉促應戰。

不久，華盛頓便率領他的部隊一鼓作氣衝入了特倫頓主街——國王大街。一路上，他身先士卒，使手下左右極為擔心。他們多次懇請這位總司令退到安全地帶指揮戰鬥，但已經激動起來的總司令早已忘記了自己的安危。

此時，沙利文將軍率領的部隊也開始從西側向特倫頓發起進攻，使英軍受到了兩路夾擊，被打得暈頭轉向，主帥拉爾上校也在混亂之中被槍彈打中。黑森官兵們見主帥落馬，頓時如無頭蒼蠅一般，亂成一團，拚命向四方逃脫。華盛頓立即派兵對英軍圍追堵截，走投無路的敵軍見無路可走，只好紛紛繳械投降。

這時，威爾金森少校跑來向華盛頓報告：受傷的拉爾上校已經交出了他的指揮刀。華盛頓聽後，激動得難以抑制心頭的喜悅之情。他拉著威爾金森的手，興奮地喊道：

「這是我們國家的一個光榮的日子！」

特倫頓戰役取得了輝煌的勝利。根據戰後統計，大陸軍俘敵千餘人，擊斃二十二人，傷者不計其數；而大陸軍方面只受傷五人，死亡二人。在美軍全線敗退、悲觀失望籠罩全國的日子裡，華盛頓力挽狂瀾，出其不意地給英軍以狠狠的一擊，不僅煞住了敵人的囂張氣焰，令戰局得以緩解，還大大鼓舞了人民的抗戰熱情。很快，全國再一次掀起報名參軍的熱潮，就連那些服役期滿的老兵也紛紛走進部隊，請求再戰，為國家的獨立和解放貢獻力量。

（二）阿遜平克溪戰役

特倫頓戰役後，有人主張華盛頓應乘勝追擊英軍殘部，以擴大戰果，但華盛頓沒有接受這一建議，因為他很清楚：特倫頓戰役只是一場局部的戰鬥，敵強我弱的整體局面並沒有發生改變。況且，敵軍的主力部隊就在附近，隨時可能前來報復。

（二）阿遜平克溪戰役

因此，華盛頓率領部隊撤出特倫頓，渡河返回賓夕法尼亞境內，讓部隊得以短暫的休整。

鑒於華盛頓在特倫頓戰役中的出色表現，大陸會議在一七七六年十二月二十七日做出一項決定：將軍事指揮權全部授予華盛頓將軍。

對於某些人來說，這也許正是他們夢寐以求，甚至是不擇手段追逐的目標，可對於華盛頓來說，這既是一種崇高的榮譽，又是一種神聖而艱巨的使命。在給大陸會議的回信中，華盛頓用簡鍊的語言表達了自己對這一問題的見解，他寫道：

> 大陸會議將軍事職責方面的最高的和幾乎無限的權利授予我，讓我感到無比榮幸。但我絕不認為，大陸會議如此信任我，我就可以不履行公民的義務。我時刻牢記：刀劍是維護我們自由的不得已手段，一旦自由權利得以確立，就應將它們棄之一旁。

特倫頓戰役結束後，已是一七七六年年底，賓夕法尼亞兵團的士兵服役期將滿，士兵紛紛盼望回家。但面對強敵，讓老兵走光對兵力本來就不足的華盛頓來說，自然是一個巨大的壓力。為此，華盛頓充分利用大陸會議授予他的權利，向費城的豪紳申請專項借款，發給士兵服役超期補貼。除了經濟上的補償之外，他還積極進行宣傳說法工作，最終有兩百多人表示自願延期服役。

經過兩天的短暫休整，華盛頓決定抓住有利時機，趁敵人驚魂未定之際，追擊殘敵，收復紐澤西。於是，一七七六年十二月二十九日，華盛頓再次率軍渡過德拉瓦河，進入紐澤西境內。

與此同時，為牽制敵人，免遭敵軍主力的圍殲，華盛頓還派出幾股小部隊在敵人的側翼頻繁活動，不斷襲擾敵人。另外，他還派出幾支精銳的偵查部隊四下打探敵人的位置和動向。

十二月三一日，華盛頓從被俘的英軍那裡獲悉：康華利勛爵已率領一支七千人的援軍到達普林斯頓，與特蘭特將軍屬部會合，目前正準備向特倫頓進軍。

面對優勢的英軍壓力，華盛頓感到進退兩難：放棄已收復的紐澤西部分地區，退回特拉河西岸，勢必給剛剛振奮起來的美軍士氣帶來不利影響；但要在沒有援軍的情況下，靠目前微弱的兵力抗擊強大的英軍，無疑又是自取滅亡。

為此，華盛頓立即命令其他部隊前來與之會合，然後將主力部隊部署在通向普

（二）阿遜平克溪戰役

林斯頓大道兩旁的叢林地帶，阿森平克河的東岸，並將所有大砲都部署在可控制渡橋和河灘的制高點上，準備迎擊來犯的英軍。

一七七七年一月二日下午，康華利將軍率領的英軍主力趕到，向隔著阿遜平克溪的美軍發起進攻。但在美軍炮火的猛烈轟擊下，英軍紛紛潰退下來。至夜幕降臨時，雙方暫時休戰，燃起螢火，隔岸對峙。而英美雙方的軍事將領們也趁著這份寧靜分別制定下一步的作戰計劃。

英軍方面，康華利的副官建議，應趁美軍不備，當夜就向美軍發起襲擊，一舉殲滅美軍。可自鳴得意的康華利卻沒有理會這位下屬的建議，他認為：美軍現在已經是甕中之鱉了，根據他的計劃，他將於第二天，即一月三日這天，與普林斯頓方面前來的英軍會合，夾擊美軍，屆時勝利自然是萬無一失。

美軍方面的總司令華盛頓此刻正在為美軍的危險處境而焦慮不已。雖然剛剛打退了康華利的進攻，但卻很難長期守住渡口，還要提防普林斯頓的英軍從背後襲擊。如果兩方優勢兵力同時夾攻，後果將相當嚴重。

忽然，一個大膽的念頭從華盛頓的腦海中閃現出來：既然英軍主力已集結於特倫頓，普林斯頓的英軍守軍必然空虛。如果避實擊虛，突襲普林斯頓，既能讓美軍擺脫目前的困境，又能化被動為主動，打亂敵軍的部署。

於是，華盛頓馬上召開緊急軍事會議，提出自己的這一方案，立刻得到了與會者的一致贊同。

（三）歐洲最年老的將軍致世界上最偉大的將軍

會議結束後，華盛頓為了迷惑敵人，特命令士兵在營地內燃起篝火，還派人在英軍所能看到的地方佯裝挖掘工事，巡邏也照常進行。隔岸的英軍對美軍的活動深信不疑。

而此時，華盛頓已經集合隊伍，準備快速趕往普林斯頓了。四日凌晨，默塞爾將軍率領先遣部隊三百五十人終於抵達普林斯頓郊外一英里處。

駐守在普林斯頓的英軍有三個團，天剛剛放亮便開始行動，準備前往特倫頓方向與康華利會合。不久，由毛霍德率領的一個團出發，剛好與美軍先遣部隊相遇，

(三) 歐洲最年老的將軍致世界上最偉大的將軍

雙方展開了激烈的對攻戰。毛霍德以為這支美軍是被康華利勛爵打散的逃兵，因此一面向他們發起猛攻，一面派人前往普林斯頓，催促兩外兩團英軍前來助戰。不一會兒，僅有三百五十人的美軍在英軍的強大攻勢下漸漸不支。默塞爾將軍身先士卒，英勇犧牲，失去指揮的美軍節節敗退。

就在這關鍵時刻，聽到激烈槍炮聲的華盛頓知道默塞爾一定是遇到了勁敵，急速從小路率軍趕來支援。他騎在高大顯眼的白馬上，冒著英軍的炮火，疾馳向前，指揮戰鬥。

在華盛頓的帶動下，驚慌失措的士兵重新集合起來，與主力部隊一起全面壓上，將英軍打得人仰馬翻。二十分鐘後，英軍便被打得潰不成軍，紛紛向特倫頓方向逃竄。

與此同時，美軍的兩外兩路人馬也投入了戰鬥，聖克萊爾將軍和沙利文將軍將英軍的第二個團擊潰，殘兵敗將向布倫斯瑞克方向逃竄。最後的一個團因安排在行軍序列之後，未能及時趕來參戰。

此番巧襲普林斯頓的戰鬥中，美軍共擊斃敵軍一百餘人，俘虜三百人，其中包括十四名軍官，取得了繼特倫頓戰役後的又一次勝利。而美軍方面在這次戰鬥中僅損失了三十人，但最可惜的是失去了一員英勇善戰的將領級指揮官默塞爾，讓華盛頓感到十分痛心。

這天黎明，康華利率領主力部隊殺過河去，準備全殲美軍，結果卻發現對面早已人去營空。康華利以為華盛頓又故伎重演，像在長島戰役中那樣悄然逃遁了。等到太陽升起，便聽到普林斯頓方向傳來陣陣炮聲，才驟然明白自己已經中了華盛頓聲東擊西的圈套了。

康華利擔心那裡的三團兵力根本不是美軍對手，更擔心布倫斯瑞克的軍需物資被美軍劫走，急忙命部隊快速前往援救普林斯頓。但為時已晚，沿途的橋梁已被美軍破壞，他得修好大橋後才能讓炮車通過。情急之下，康華利不顧河水的冰冷，強令部下涉水渡過齊腰深的溪河繼續前進。

然而，當康華利率軍終於抵達普林斯頓時，迎接他的卻是一座彈痕累累、空無一人的棄城。

康華利估計，美軍一定是前往布倫斯瑞克去搶奪他的軍需倉庫了，遂不敢耽誤，立即向布倫斯瑞克方向進發。但一路之上美軍蹤影全無。他哪裡知道，華盛頓已在特倫頓改道，前往莫里斯城了。

奇襲特倫頓，巧攻普林斯頓，接連兩戰告捷，結束了美軍一直以來被動挨打的局面，在一定程度上扭轉了戰局。由於軍事上的勝利，華盛頓的名聲也遠颺歐美，奠定了他在美國政治和軍事領域中的領導地位。一些歐洲政治家和將軍稱華盛頓為「美國的費邊（古羅馬著名的政治家、軍事家，傑出的統帥，以挽救羅馬於為難之中而著稱於史冊）」，以表達對他在撤退中殲滅敵人有生力量的作戰原則的讚賞。與華盛頓同時代的腓特烈二世盛讚華盛頓領導的這兩次戰役是「軍事編年史上最光輝的成就」，並專門贈送給一張自己的肖像給華盛頓，上面的親筆題詞頗有意味：

「歐洲最年老的將軍致世界上最偉大的將軍。」

（三）歐洲最年老的將軍致世界上最偉大的將軍

George Washington

第十二章　費城淪陷前後

向所有國家奉行真誠和正義，跟所有人一道促進和平與和諧。

——華盛頓

(一) 莫里斯長期駐守

華盛頓之所以將部隊帶到莫里斯城，是因為那裡的地理位置十分有利，進可攻，退可守，尤其對打襲擊戰非常有利。起初，華盛頓並沒有打算在莫里斯長期駐守，只想讓部隊在這裡暫時休整一下，再作抉擇。但很快他就發現了莫里斯的優點，因此選定這裡安營紮寨，準備較長期地在這裡整頓部隊，提高部隊的作戰素質，訓練出一支新型的正規軍。

在莫里斯城，大陸軍的第一期任務是全面休息，恢復體力；第二期任務是訓練新軍。根據大陸會議的決議，計劃徵募十六個步兵團，三個砲兵團，一個工兵團和三百名輕騎兵。

為了招募人才，華盛頓既從部隊原有的軍官和士兵中選拔培養軍官，又不拘一格地從外面廣泛招攬人才。不分出身門第，不分宗教信仰，不問屬於哪個州，甚至不排除選拔外國人士，只要具備真才實學，效忠或同情美國獨立事業，就會被委以重任。

這是一種極其開明並極具氣魄的用人政策，體現了華盛頓高超的人格魅力和任

（一）莫里斯長期駐守

人唯賢的恢弘氣度，因此也吸引了大批有膽識、有才學的熱血青年紛紛前來從軍，為大陸軍增添了勃勃生機。

華盛頓還對軍事編制進行了重新調整，將手下官兵劃分為五個師，分別由五位少將指揮，下轄十個旅，由十位准將指揮，總兵力為四十三個團，約七千三百人，一七七七年五月底，經過休整和擴軍，大陸軍的面貌煥然一新，全軍上下士氣高漲。隨後，大陸軍轉移到距英軍據點新布藍茲維不到十英里的米德爾布魯克安營紮寨。

到此時為止，戰爭已經進行了兩年了。一向為英軍所蔑視的美軍不僅沒有被打垮，反而由弱變強，愈戰愈勇，這讓英王及其內閣極為惱怒。他們大罵英軍將領是無能之輩，並一再催促他們儘快結束戰爭，殲滅美軍。

基於這種思想，英軍內閣在一七七七年制定了一個大膽的冒險進攻計劃：兵分三路攻取奧爾巴尼，切斷美國革命的中心地區——新英格蘭與外地的聯繫，然後對美軍主力進行重兵圍剿，各個殲滅。這三路兵的第一路由伯戈因將軍率領一萬英軍從加拿大南下至哈德遜河畔，進攻奧爾巴尼；豪將軍則率部北上，與伯戈因將軍在奧爾巴尼會合；第二路由聖納澤爾中校率領，從安大略湖進攻奧爾巴尼，與伯戈因

第十二章　費城淪陷前後

和豪將軍會合；第三路由克林頓將軍率領，從紐約出發，沿哈德遜河口北上，與其他兩路軍隊對美軍形成夾擊之勢。

英軍的策略計劃是在倫敦制定的，前線將領須接受大洋彼岸的遙控指揮。然而英國政府主管此事的殖民大臣熱爾曼因忙於渡假，竟然忘記了將該計劃通知豪將軍。結果，一向自以為是的豪將軍便自行其是了。因此，豪將軍沒有北上與伯戈因將軍會合，而是於六月初獨自率領八千名英軍從紐約開往新布藍茲維。這次豪將軍的主要目的表面看是向費城進軍，但其實是想誘使美軍出來交戰，將其殲滅。華盛頓看出豪將軍的意圖是引蛇出洞，因此命令所部不予理睬。

六月中旬，豪將軍率部由新布藍茲維出發，經由華盛頓的駐地近郊大搖大擺地走過，假意進攻費城，引華盛頓出來交戰，但華盛頓依然沒有理睬。

六月十九日，豪將軍所部突然退兵，按原路返回新布藍茲維，以為這樣華盛頓就會出來追殺。哪知華盛頓只派了一個小分隊尾隨英軍進行騷擾，主力依然不出來。

豪將軍見華盛頓不「上鉤」，又施展一招更狠的激將法：命令士兵一路燒殺搶掠，任意橫行，沿途百姓遭到了英軍的野蠻蹂躪。將士們都怒不可遏，紛紛請求出擊，華盛頓也義憤填膺。思忖再三，他決定派遣一支精兵部隊，對英軍的後衛部隊進行襲擊，並命令打完後馬上撤回。

隨即，一支部隊出發了，豪將軍以為華盛頓這次上當了，命令部隊馬上直攻米德爾布魯克的美軍營地。哪知美軍的主力並未出動，還在牢牢地控制著陣地，倒是那支精英小部隊消滅了不少英軍人馬。

豪將軍黔驢技窮，不知這仗下一步該怎麼打。無奈之下，只好於七月一日撤出了東紐澤西城。

（二）英軍準備孤注一擲

就在華盛頓絞盡腦汁分析敵人的動向時，北部戰爭傳來消息，稱伯戈因部已由英屬加拿大南下，占領了提康德羅加，目前正準備向奧爾巴尼挺進。按計劃，伯戈因將南下與豪將軍會師。

提康德羅加的守將聖克萊爾是一位蘇格蘭職業軍人，軍事經驗相當豐富，作戰也很勇敢。當時，雖然他手下的守軍不足四千人，裝備也很差，但整個部隊的士氣非常高昂。在得到英軍進犯的消息後，聖克萊爾馬上命令加強修築防禦工事，決心守住該城。他在給華盛頓的信中一再表示：提康德羅加的防線「固若金湯」，英軍來犯簡直就是「自尋死路」。

然而，聖克萊爾在部署兵力時卻出現了兩個致命的漏洞，結果被英軍四面包圍，切斷補給線，制高點也很快落入敵人手中。聖克萊爾思索再三，最終放棄守城，選擇突圍轉移，以保存部隊的實力。

部隊在開始撤退時，行動迅速，有條不紊，眼看就能突出包圍了。就在這關鍵時刻，一些蓄意幫助英軍的王黨分子在獨立山上突然燃起大火，火光引起了英軍注意，並立即對正在移動的美軍發起攻擊。結果聖克萊爾將軍帶領的這場有組織有計劃的轉移立刻就變成了一場大潰退，重武器和軍用物資丟失殆盡，人員傷亡難以數計。這支殘部經過七天七夜的艱難跋涉，七月十二日才終於回到愛德華堡。

華盛頓最擔心的事情終於發生了。美軍在北線的失利，不僅導致人員和物資大量損失，更重要的丟失了一個軍事據點，在全國民眾當中引起了一片恐慌。

提康德羅加失守後，北部戰區的形勢日益惡化，但經過兩年的戰爭鍛鍊，美軍廣大將士們的軍事素質和革命意志已經有了很大的提高，他們並沒有因為這次戰役的失利而氣餒。華盛頓命令他們積極行動起來，尋找戰機，給敵人以狠狠的打擊。因此，在一七七七年的七到八月間，美軍小規模活動非常頻繁，對英軍進行了多次有力的出擊，其中有兩次出擊行動特別精彩。

一次是發生在七月下旬，由巴頓中校率領四十名民兵，夜晚悄悄乘小船駛入羅德島西岸，混過敵軍的重重封鎖線，一直潛入羅德島最高軍事指揮部，將睡夢中的指揮官普雷斯科特將軍活捉，而後神不知鬼不覺地順利返回。普雷斯科特是英軍駐羅德島的總指揮官，以凶悍殘暴而出名，對美國人民犯下了許多罪行。因此他的被俘在全美引起巨大反響，人們紛紛奔走相告。大陸會議為此還專門作出決定：授予巴頓將軍上校軍銜，並贈予他一把軍刀。

另一次突擊行動是發生在八月下旬，駐紐澤西漢諾佛的一支美軍部隊在沙利文將軍的率領下，長途奔襲史泰登島上的英軍。這次行動高度保密，速度奇快，可謂出其不意，攻其不備，一千名英軍幾乎來不及抵抗就紛紛繳械投降。但由於英軍大部隊迅速前來支援，美軍船隻不足，部隊在撤退時遭受較大損失。

（二）英軍準備孤注一擲

第十二章　費城淪陷前後

這些襲擊雖然暫時穩住了北部地區的形勢，但華盛頓最擔心的還是豪將軍的動向。自從七月初離開紐澤西後，他就率部隨艦隊在沿海游弋，不時地出沒在各個不同的地方，像是故意與美軍捉迷藏。

八月二十二日，正當華盛頓準備率軍北上進軍紐約之時，突然收到新情報：英國艦隊已經駛入乞沙比克灣。華盛頓由此得出結論：豪將軍進到乞沙比克灣內這麼靠北的地方，一定是想走這條路直取費城。既然英軍的意圖已經明朗，華盛頓決定立即前往迎敵。

八月二十五日，豪將軍開始率領英軍在乞沙比克灣登陸。這裡距離費城只有七十公里，華盛頓馬上派出幾支小部隊前去進行騷擾性襲擊，以滯緩英軍前進。

九月初，英軍主力登陸，隨即便兵分兩路，氣勢洶洶地向費城方向撲來。九月五日這天，華盛頓向美軍發出動員令。他認為，敵人曾從紐澤西方向兩次圖謀費城，但都沒得逞，這次他們一定會孤注一擲。如果他們這一次也失敗了，戰爭便可能就此結束。因此，成敗在此一舉。華盛頓充滿信心地說：

「我們進行這場戰爭，同無數的困難搏鬥，如今已經兩年了，光明的前景已經翹首可見。人們歷盡艱辛，現在該是收穫果實的時候了。如果我們拿出英勇氣概來作戰，這第三次戰役將是我們最後一次戰役。」

（三）費城淪陷

一七七七年九月八日，華盛頓率領主力部隊渡過布藍迪萬河，十日晚占領了北岸的查德堡，隨即派沙利文將軍駐守該堡北面的高地，形成主力部隊的後翼，命令賓夕法尼亞民兵駐守左翼。

華盛頓剛剛部署完，豪將軍的大部隊便開進距離布藍迪萬河僅七公里的地方，並嚴密封鎖了消息。

十一日清晨，英軍開始向查德淺灘發起猛攻，雙方展開激烈交火。隨後，英軍幾次企圖衝過淺灘，都被美軍阻攔住了。上午十點左右，華盛頓得到消息稱：美軍已成功擋住了英軍的進攻。但此刻，華盛頓心中卻產生了疑惑：敵人的幾次進攻規模並不大，但火力卻十分兇猛，好像是虛張聲勢，難道這裡不是英軍的主攻方向？

華盛頓馬上派出偵查部隊，命令火速查清英軍主攻方向。很快，偵查消息傳來：康華利已率部出現在布藍迪萬河上游的高地前，從側面包抄沙利文部，並以優勢兵力發起猛攻，將沙利文部趕出了陣地。

華盛頓大吃一驚，直呼「上當」了！他立即命令沙利文部全力反攻，奪回失去的陣地；同時命令格林的後備部隊火速前往支援，但已無力挽回敗局。美軍雖然受到康華利和克尼普豪森兩部的夾擊，但仍英勇抵抗，兩軍在查德淺灘和布藍迪萬河上游展開了殊死搏鬥。

到傍晚時分，戰鬥了一天的美軍漸漸不支，華盛頓趕緊下令：兩翼部隊向中路靠攏，邊打邊撤退。英軍也已打得筋疲力盡，遂停止追擊。

晚上，華盛頓將打散的部隊重新集結起來，然後連夜向費城方向退去。布蘭德溫戰役以美軍的失利而宣告結束。

布蘭德溫戰役失敗後，費城便失去了它的天然屏障，陷落已是不可避免。於是大陸會議作出決定：撤出費城，將會址遷往約克鎮。同時，大陸會議還對華盛頓表現出了充分的信任，授予華盛頓為期六十天的非常權利，包括任命准將以下的軍

（三）費城淪陷

官，徵用一切軍需品，運走或埋藏可能落入敵手並對敵人有利的物資等，還號召全體愛國者行動起來，給予華盛頓領導的美軍以強大的支持。

九月二十六日，豪將軍派康華利率領一支英軍部隊，以勝利者的姿態趾高氣揚地開進了費城，自以為給這次軍事行動劃上了一個圓滿的句號。

然而，從整個戰局來看，占領費城卻讓英軍從此失去了有利的態勢。這是因為，英軍在一七七七年的策略部署是北上會師，而豪將軍卻擅自行動，占領費城，不僅未能實現分割美軍的策略意圖，還導致自己的兵力過分分散。對於外線作戰的英軍來說，這是犯了兵家的大忌。

這種不良的後果在北部地區表現得尤為明顯。伯戈因從英屬加拿大遠途而來，部隊供給已相當困難，此時又失去了與豪將軍的聯繫，陷入空前的窘境。而因為沒有豪將軍的威脅，北部的美軍在廣大民兵的配合下，對伯戈因的部隊四面圍擊，為後來殲滅這支英軍創造了條件。

所以，當許多人為費城的失守而悲觀難過時，華盛頓卻以十分鎮定的態度看待這件事。他指出：戰爭的勝負不在於一城一池的得失，關鍵要看能否把握戰機，殲

第十二章　費城淪陷前後

滅敵人的有生力量。目前英軍雖然占領了費城，但未必是件壞事。費城失陷後不久，華盛頓在給大陸會議的一封信中就指出：

「……事實將證明，他（豪將軍）攻佔費城並沒交上什麼好運，相反，只會招致他的覆滅。」

很快，這位總司令看準的機會就來了……

George Washington

第十三章　薩拉托加大捷

唯有冷靜的理智才能建立起永久的、人人平等的國家。而企圖在民眾的騷亂中獲得冷靜的理智與企圖在兇殘的暴君統治下的黑暗法庭上獲得人民的自由一樣，希望渺茫。

——華盛頓

（一）誘敵深入

費城失陷後，美軍並沒有像以往那樣驚慌失措，這支新敗之旅在華盛頓的率領下井井有序的進行轉移，與英軍在費城周圍地區展開了周旋，並進行了一系列的戰鬥，取得了一些戰果，但也付出了代價。不過，從整個戰局來說，美軍所付出的代價是完全值得的，因為華盛頓的這一舉措將英軍的主力部隊牢牢地拴在中部戰場上，讓他們無法北上與陷入困境中的伯戈因部會合。這就意味著，英軍無法實現自己的策略計劃，而美軍則可以在策略上掌握主動性。尤其是在北部戰場上，美軍已逐步掌握軍事優勢，伯戈因部隊的覆滅已經指日可待。

但是，與英軍實力相差懸殊的美軍一時還無法抵擋住氣勢洶洶的英軍。自從伯戈因入侵美國北部以來，一路攻奪城池，勢如破竹。七月六日，英軍奪取北部重鎮提康德羅加；七月七日，攻佔哈巴特頓；七月二十九日，又攻佔了哈德遜河上游的軍事要塞愛德華堡。尤其是提康德羅加的陷落，在美國引起一片恐慌。人們普遍認為，在這一北部要塞失守後，美國軍隊已無法阻擋英軍的長驅南下了。英軍方面也因此得意洋洋，以為大功即將告成，奧爾巴尼已經是囊中之物。

（一）誘敵深入

華盛頓很清楚，北部的戰爭形勢對整個美國革命有著不可估量的影響。儘管提康德羅加的陷落對美軍很不利，但他仍然堅定地支持北部守將斯凱勒將軍在北方戰區採取的任何行動。斯凱勒將軍寫信給華盛頓，主張誘使伯戈因更進一步深入腹地。華盛頓贊成這個辦法，並樂觀地認為：

「伯戈因部遲早會被有效阻遏，而且正像我以前說過的，他已得到的勝利只會加速他毀滅的來臨。」

在緊要關頭，華盛頓還派遣了自己最信任的軍官之一阿諾德將軍前往北部，擔任斯凱勒將軍的副手，全力阻止伯戈因的部隊。

華盛頓的樂觀估計是有依據的，英軍之所以能逼退美軍，是因為他們可以利用船隻將部隊和輜重沿著香普蘭湖快速運行，直抵要塞。然而，他們要走的下一段路可沒那麼好走，它必須穿過一百英里的荒野和叢林。伯戈因不可能在如此漫長的戰線上建立有效防線，保障供給。這樣一來，英軍每行動一步，都要付出巨大的代價，伯戈因已經陷入到進退維谷的境地了。

就在斯凱勒將軍的誘敵深入策略開始奏效時，八月四日，大陸會議未經徵求華盛頓的意見，便任命蓋茲將軍取代了斯凱勒將軍為北部戰線司令。華盛頓指示蓋茲和阿諾德：現在還不可與敵軍決戰，最好是圍而不攻，斷掉他們的外援，等敵人彈盡糧絕、軍心換撒，再予以致命的打擊。蓋茲將軍接受了華盛頓的忠告，到達北部戰區後便命令部隊和民兵對敵人進行重重圍困和封鎖。不久，美軍的圍困戰術出現了效果。

（二）擊潰北部英軍

到了八月中旬，困守待援的伯戈因部，軍需和糧食已消耗殆盡，士氣低落。伯戈因不甘心失敗，為了顯示一下英軍的威力，也為了劫掠美軍的糧食和物資，派出一支七百人的隊伍向本寧頓方向撲來，結果被早已埋伏在附近樹林中的北美民兵突然殺出，給敵人以猝不及防的打擊。這支英軍隊伍損失慘重，指揮官也命喪黃泉。

本寧頓戰役顯示出民眾參戰的巨大威力，也激發了廣大民兵作戰的熱情。他們紛紛組織起來，前來助戰。此時，華盛頓從中部地區調來的援軍也到了，美軍人數超過了英軍一倍以上。

九月十九日，伯戈因將軍寄期望於紐約方面的英軍來援，繼續按原計劃渡過哈德遜河向奧爾巴尼推進，但遭到了阿諾德部隊的重創，損失慘重。

十月七日，不甘心失敗的伯戈因又一次捲土重來。蓋茲將軍得到報告後，決定馬上對英軍進行包抄痛擊，兩軍在維農曼農莊展開激戰。正在這時，驍勇的阿諾德將軍摔援軍趕到。他一馬當先，左殺右砍，在他的激烈下，美軍將士個個奮勇爭先。阿諾德將軍腿部中彈，血流如注，但仍堅持在前沿指揮戰鬥，極大地鼓舞了美軍的士氣。伯戈因見美軍攻勢凌厲，英軍傷亡慘重，只好率英軍倉皇退兵。

屢戰屢敗的伯戈因將軍，決定率軍退向哈德遜河東岸的薩拉托加要塞，企圖在那裡等待援軍或伺機突圍。而尾隨而來的美軍和民兵趁勢將薩拉托加這座古城團團圍住。

（二）擊潰北部英軍

經過這一系列的失敗，英軍已經筋疲力盡，彈藥糧草也幾乎消耗殆盡。沮喪悲觀的情緒在全軍中蔓延開來，士兵們紛紛開小差，印第安人更是不辭而別，悄悄返回了自己的家園，英軍的兵力從九千餘人迅速下降到五千人。而美軍此刻得到各地民兵的增援，人數和實力大增，總數增至一點二萬人。

然而，薩拉托加也不是久留之地，隨著美軍包圍圈的縮小和物資的日漸匱乏，援軍又杳無音訊，被圍困的英軍走投無路，部隊將士一派混亂。伯戈因無奈之餘，召開了一次充滿悲劇氣氛的軍事會議，商討下一步該如何行動。幾乎沒有爭論，與會者一致同意向美軍投降。

十月十四日，雙方就投降條件達成協議：以不在美國境內服役為前提，允許投降的英軍自由前往歐洲。十七日，伯戈因在投降書上籤字，五千多名英軍正式繳械投降。不久後，英軍撤出提康德羅加和獨立山陣地，北部地區的戰事基本結束，美軍從此擺脫了軍事上的劣勢，開始從策略防禦轉入策略進攻階段。

薩拉托加大捷對美國的獨立戰爭產生了巨大影響。由於這支英軍的投降，美軍繳獲了大量的武器彈藥和軍用物資，大大加強了美軍的戰鬥力量；而英軍的實力卻由於此次戰役的失敗被大大削弱。

同時，這次戰役的勝利也改善了年輕的美利堅合眾國的外交處境。一七七八年，一直猶豫不決的法國從薩拉托加大捷中看到了美國人民的力量，遂與美國締結同盟條約，投入到反英戰爭的行列。在法國的影響之下，西班牙也參加了反英戰爭。此後，丹麥、瑞典、普魯士等國，也紛紛成立了有利於美國的「武裝中立」聯盟。國際形勢朝著有利於美國人民的方向轉變，對獨立戰爭的勝利造成了很大的推動作用。

（三）撤退福吉谷

薩拉托加戰役結束後，美軍的主要戰場開始向南部轉移。費城淪陷後，康華利部便以勝利者在姿態占據了費城，而豪將軍則率主力部隊駐紮在距離費城僅六英里的日耳曼城。

此時，華盛頓就率領部隊在費城附近地區艱難跋涉，與英軍周旋。華盛頓在策略意圖主要注重三個方面：牽制豪將軍的主力，令其無法北上與伯戈因回合；充分利用群眾和民兵力量，從水路和陸路切斷敵人的供應線；避免與敵人主力發生決戰，尋找有力戰機，殲滅敵人。

為打破美軍的封鎖，英軍決定水陸並進，攻克德拉瓦河沿岸的各堡壘，掃除水中障礙物。英軍的這一動向很快就被華盛頓獲悉，他果斷決定：趁敵人兵力削弱之際，對敵人的老巢日耳曼發動一次突襲。

十月三日夜間，美軍悄悄地出發了，並於次日淩晨趕到日耳曼鎮，向英軍發起進攻。在美軍的強烈攻勢下，英軍不斷後撤，一股敵人躲入丘氏宅邸負隅頑抗。這時，諾克斯將軍命令部隊停止衝鋒，對丘氏宅邸發動攻擊。結果因該建築物十分堅固，美軍又未攜帶重武器，整整耗費半個小時也未攻下，還造成了重大傷亡，最終不得已放棄了對丘氏宅邸的進攻，繼續前進。但這樣一來，美軍就失去了進攻的優勢時機。

不久，豪將軍率領主力部隊趕到，向美軍發起全面反擊，美軍損失慘重。華盛頓馬上命令部隊撤出戰鬥，結果一場即將到手的勝利瞬間化為泡影。

日耳曼戰役失利後，美軍有條不紊的撤退。隨後，華盛頓召開一次軍事會議，對當前的戰局進行了分析，認為仍應堅持既定的策略方針，對費城地區的英軍主力繼續進行圍困。

很快，嚴寒的冬天就來了，華盛頓看著衣不蔽體的大陸軍士兵凍得瑟瑟發抖，決定利用這段間隙讓他們好好休整一番。為了不擾民，他選定了費城西北部約二十英里處的一片名叫福吉谷的連綿不絕的山地為士兵們建立冬營。這裡雖然荒涼，但森林茂密，山丘起伏，易守難攻，便於部隊進行軍事調整和訓練，同時又能密切注視費城方面英軍的動靜。

（三）撤退福吉谷

一七七七年十二月十八日，在漫天飛雪之中，大陸軍官員們頂著寒風暴雪，向福吉谷進發。他們有的披著破爛的毛毯，有的赤裸著雙腳，雪地上留下了戰士們斑斑血跡的腳印。華盛頓懷著悲傷、自豪、憐憫、欽佩的心情，註釋著眼前他的士兵們，感慨地說：

「我們可以說，在尚未失傳的歷史書當中，找不出任何一支軍隊像我們這支軍隊一樣遭受著這種前所未聞的艱苦環境，而且，還自始至終一貫地以忍耐和剛毅的精神來忍受這種艱苦。」

到達福吉谷後，展現在華盛頓面前的是一片荒蕪之地，士兵們不得不自己動手砍伐樹木，修建一些簡陋的小屋，以供棲身。軍醫阿爾比金斯·沃爾多的日記中對此描述道：

「食品短缺，天寒地凍，士兵們各個都筋疲力盡，髒髒破爛的衣服，令人難以下嚥的食物，一半的時間我都在噁心……牛排湯端上來了——整碗都是燒焦的樹葉和灰塵……我寧願像變色龍一樣以空氣為生。」

就在華盛頓和士兵們一起在福吉谷挨餓受凍時，這位總司令萬萬沒想到，軍界和政界中的上層人物正在醞釀著一場想拉他下馬的陰謀。

George Washington

第十四章　「康韋陰謀」

在我看來，靠了英勇自由的人民的純潔遴選而獲得軍階是最光彩不過的了。因為人民的遴選是一切權利的最純潔的來源和源泉。

——華盛頓

（一）奪權

在一七七七年十一月，費城的一部分英軍守軍被調往東紐澤西，城內的英軍兵力有所削弱。在得到這一情報後，一些軍界和政界人物認為這是個攻打費城的大好時機。華盛頓手下的幾位得力幹將也竭力主張馬上發動一場戰役，奪回費城。

從內心來說，華盛頓也希望能發動一場大規模的戰役，奪回費城。但他更清醒地認識到，費城與薩哈托加不同，那裡是英軍的老巢和心臟地位，如果發動進攻，英軍勢必會全力以赴。而目前美軍的實力並不能對英軍構成優勢，發動強攻，勢必會造成難以估量的損失。

其實一個時期以來，在一些人的眼中，華盛頓就是一個常敗將軍，他所取得的特倫頓和普魯斯頓兩場戰役的勝利，也只是擊退了敵人的警戒部隊。尤其是蓋茲將軍在薩拉托加取得勝利後，華盛頓在費城屢戰屢敗，更讓人們覺得他懦弱無能了。並且華盛頓擯棄地方主義，堅持要建立一支常備軍的行為也得罪了一些激進派人物。因此，一些陰謀家開始活動，試圖利用華盛頓的困境來罷免他的總司令職位。

參與這起陰謀活動的核心人物，就是華盛頓一直視為好友的密夫林、蓋茲以及

（一）奪權

素為華盛頓所不齒的湯姆．康韋。

當時密夫林擔任軍需總長，在後勤供給上對華盛頓的部隊總是百般刁難。自從一七七七年六月以來，軍需部就從未及時供應過給部隊的糧食。尤其是入冬以來，軍糧供應時斷時續，部隊長期處於一種半饑餓狀態。對此，華盛頓既困惑不解又十分氣惱，他多次向大陸會議催要軍糧，並對軍需部門進行了嚴厲的批評和抨擊。

密夫林對華盛頓的批評很生氣，恰巧此時，他又遇到了一位志願來美國軍隊服務的法籍愛爾蘭人托馬斯．康韋。此人自命不凡，稱自己曾在普魯士腓特烈大帝麾下效勞，自詡是大陸軍中最有經驗的軍官。然而，華盛頓卻提名曾在法國軍隊中是他的部下的迪卡爾布男爵為少將，自己卻只獲得一個准將軍銜。這讓康韋十分不滿。

所以，康韋聽說密夫林對華盛頓不滿，立刻就站在以密夫林為首的反對華盛頓的派別中。他們的目的是貶低華盛頓的聲望，抬高蓋茲的地位，將北方戰役的勝利歸功於蓋茲。

蓋茲原本就瞧不起華盛頓，這次薩拉托加戰役獲勝後便更加不可一世，決心擺脫華盛頓這位曾在戰爭初期經常求教於他的總司令。在薩拉托加大捷之後，蓋茲就

第十四章　「康韋陰謀」

曾越過華盛頓，將有關報告直接呈報給大陸會議，甚至華盛頓原先派去支援他的兵力也拒絕還送。

華盛頓對蓋茲的舉動感到不滿。他特地派人給蓋茲送去一封信，平心靜氣而嚴肅地指責蓋茲的做法欠妥。但蓋茲根本聽不進華盛頓的話。

蓋茲的這種舉動被康韋一夥看得清清楚楚，康韋還給蓋茲寫了一封信，對其進行大肆吹捧，而將華盛頓及其同僚說成是「一個軟弱的將軍和拙劣的顧問們」，並說他們會「葬送」美國的未來。這是康韋向蓋茲發出的一個重要訊號，表面他們希望蓋茲能取代華盛頓。這封信的吹捧讓蓋茲更加飄飄然了。

然而，康韋等人的陰謀很快就被華盛頓知曉了。原來，蓋茲的副官詹姆斯·威爾金森少校在奉命向大陸會議遞送緊急公文時，路途中因酒後失言，透露了康韋給蓋茲信中的一些內容，被華盛頓的支持者聽到了。很快，這些內容就傳到了華盛頓那裡。

華盛頓聽到這個消息後十分震驚，十一月九日，他給康韋寫了一封簡短的信，以表明自己已經獲悉康韋信件中的內容：

先生：

我昨晚收到一封信，信中稱：康韋將軍在致蓋茲將軍的信中說，「上天決心要拯救你們的國家，否則，一位軟弱的將軍和一群拙劣的顧問將會葬送掉它。」

閣下卑賤的僕人喬治．華盛頓

這封簡訊言簡意賅，猶如一枚炸彈扔向這個反對華盛頓的陰謀集團。密夫林立即將這件事通知了蓋茲，並且從中認識到，康韋的信件內容這麼快就傳到華盛頓的耳中，說明這位總司令仍然是深得人心的。於是，他決定採取行動迫使華盛頓自行辭職。

為了達到這個目的，密夫林將華盛頓的兩項建議——建立半永久性軍事委員會代替大陸會議諸委員處理部隊給養；派一名經驗豐富的外國軍官擔任監察長，幫助部隊正規化——改頭換面，促使大陸會議通過了成立軍事委員會的決議，而自己和蓋茲則負責這一委員會，並任命康韋為監察長，有權要求總司令按照他的意見進行軍隊改革。如此一來，康韋這個對華盛頓一向心懷不滿的愛爾蘭人便一躍成為華盛頓的「頂頭上司」。

（一）奪權

（二）破除陰謀

不久，康韋就帶著軍事委員會的任命神氣活現地出現在華盛頓面前，並對福吉谷的工作指手畫腳。華盛頓對康韋等人的陰謀活動已早有耳聞，因此對這位監察長的態度自然也不會好。

一七七八年一月六日，華盛頓的老朋友克雷克醫生從馬里蘭給他寫來一封信，就反對他的陰謀活動一事再次向華盛頓敲響了警鐘。他提醒華盛頓：

「儘管你孜孜不倦地努力，為自己國家的利益拋棄家庭的幸福和安逸的生活，……但他們卻想讓你失去全國人民給予你的當之無愧的極大尊重。……今天早上，我在離開軍營時有人告訴我，在新成立的軍事委員會和大陸會議中，正在形成一個反對你的強大派別。他們採取的方法是在人民面前抬高蓋茲將軍而貶低你，同時散佈流言，讓人民相信：你擁有的兵力三番兩次敗北於敵人，卻毫無作為……他們會給你製造嚴重的障礙，迫使你辭職。」

此後，華盛頓又陸續收到派翠克．亨利和大陸會議主席亨利．勞倫斯轉來的幾封匿名信，其中充滿了貶低華盛頓而提高蓋茲的話。這一次，華盛頓決定不再保持

（二）破除陰謀

沉默，而是給予敵手們的惡意誹謗和造謠以有力的回擊。

他一方面給大陸會議寫信，對這一「最不恰當的措施」表示強烈反對，另一方面對康韋等人的陰謀活動給予堅決抵制，廣大將士們也義正言辭地當面痛斥康韋的卑鄙伎倆，使康韋在福吉谷形單影隻，最後只好一鼻子灰離開那裡，乘船回法國去了。

在華盛頓的堅決戰爭和揭露下，蓋茲感到心虛了。他馬上寫信向華盛頓解釋，否認自己與康韋有合謀之事，意圖為自己開脫責任；而密夫林更是公開宣稱：華盛頓是自己最要好的朋友。

儘管如此，華盛頓還是十分憤怒，決定給那些散佈流言、暗中搞陰謀詭計的小人以警告。他給蓋茲的信中旁敲側擊地寫道：

「我從來不知道康韋將軍——我原以為你和他不認識——與你的通信聯繫，我更沒想到我會成為你們之間祕密通信的話題。」

對於密夫林，這位總司令則使用另外一套方法警告他。他鼓動他的支持者們用決鬥的方式來嚇唬這位陰謀專家，提醒密夫林說：曾經揍過康韋的兇狠好鬥的卡德維雷德將軍可能會去找他的麻煩。

反對華盛頓的陰謀活動從一七七七年十月到一七七八年二月，為期不到半年時間，但卻影響深遠，史稱「康韋陰謀集團」。這一陰謀雖然沒有得逞，但確是對華盛頓的一次考驗。同時，人們也開始思考一個問題：如果華盛頓的位置被蓋茲取而代，大陸會議內部必將因此而派系鬥爭不斷。屆時，就算打了勝仗，其後果對於國家的團結來說也將是一場災難。由於華盛頓坦蕩、無私的胸懷，他成為公眾認為的不可缺少的人。因此直到戰爭結束，華盛頓的領導地位再也沒有受過重大的挑戰。

一七七八年二月，康韋集團的陰謀失敗之時，冰雪正在消融，萬物正在復甦，大地開始煥發出勃勃生機，福吉谷的冬天即將過去。

(三)　美法同盟

一七七八年二月，在康韋陰謀集團流產的同時，福吉谷的大陸軍也逐漸走出了苦難的生活。他們從寒冷、骯髒、擁擠的帳篷裡搬到自己修建的新房裡，食物供應也有了保障，只是服裝還是很短缺，但士兵們對此並不在意。據一位法國志願兵記載，在當時的一次宴會上，凡是穿有完整褲子的人均不得入場。

（三）美法同盟

不久後，一個振奮人心的消息傳來：一七七八年五月四日，大陸會議正式批准美法同盟條約。法國承認美利堅合眾國是一個獨立的主權國家，兩國友好通商，建立軍事防禦同盟。法國將直接出兵援助美國獨立戰爭。

消息傳到福吉谷，大陸軍為此舉行了熱烈的慶祝活動，華盛頓和官兵們一起歡呼慶祝美法結盟。一位目擊者說：

「我從未見過這樣的場面：每個人臉上都洋溢著真摯、由衷的喜悅。」

華盛頓走到隊伍中時，士兵們將帽子高高地拋向空中，大聲歡呼，表達內心的激動和喜悅。後來華盛頓說：

「這是一個決定性的時刻，是美洲殖民地所經歷過的最重要的時刻之一。」

但此刻，華盛頓的頭腦還是十分冷靜的。作為大陸軍的總司令，他的目光看得更長遠。因此他一再告誡人們：

「美法結盟僅僅為我們提供了一個有利的契機，要想取得戰爭的勝利，美國人民還必須繼續進行艱苦卓絕的戰爭。」

他強調：美法結盟會令人們走向一個極端——過度依賴法國，這對於美利堅民族的長遠利益是不利的。因此他認為：與法國結盟是出於戰爭的需要而採取的外交策略，美國不應長久地捲入歐洲的紛爭，否則只能束縛自己的手腳，損害美利堅民族自身的利益。

薩拉托加戰役的失敗和美法同盟締結成功，使英國王室和內閣變得非常被動，一時無計可施。一七七八年二月，內閣首相諾斯曾提出承認美國獨立的主張，但遭到喬治三世的拒絕。他說，他寧可失去王冠也絕不向殖民地屈服。

華盛頓的立場十分鮮明。他堅持認為：沒有獨立，就沒有和平。他說：「除了獨立以外，其他一切都不可能算是達到目的。……明眼人一看就知道，時至今日，發生了這一切以後，建立在依附原則上的和平，也只能意味著屈辱與失敗。」

華盛頓的愛國精神和凜然正氣獲得了美國民眾和大陸會議的贊同。

與此同時，被困在費城中的英軍也開始了新的軍事安排。在戰爭中，豪將軍的無所作為引起了英國國內輿論的巨大不滿，指責他聽任敵人的圍困，沒有與伯戈因將軍有效合作，致使英軍遭受薩拉托加之難。最後，英國政府決定將他調離回國，

（三）美法同盟

任命他的副手亨利・克林頓接替其職務。五月十日，克林頓從紐約抵達費城，接替豪將軍指揮英軍。

華盛頓密切地注視著費城中英軍的動向，各種跡象表明，英軍正在準備撤出這座叛亂分子的首都，各種物品或被拍賣，或被裝到船上，行李和重炮等也都開始起運。但在近一個月的時間裡，除了有八千名英軍被調往西印度群島和佛羅里達外，其餘的一萬多名英軍遲遲沒有撤出費城。一直到六月十八日清晨，克林頓才突然率英軍傾巢出動，撤離了費城。

英軍撤出費城後，華盛頓馬上派遣拉法耶特率部跟蹤追擊，以尋機打擊敵人；同時命令查理斯・李將軍（華盛頓用英將普雷斯科特將其換回，並恢復了他副總司令的職務）和韋恩將軍率部前往科利爾渡口。華盛頓則率領主力部隊渡過德拉瓦河，直奔普林斯頓附近，令在戰役中負傷的阿諾德將軍留守費城。

英軍部隊臃腫龐大，動作緩慢，而美軍輕裝上陣，很快就趕到英軍前頭。英軍主將克林頓突然發現這一情況，馬上改變行軍方向，由北上改為右折，向通往孟莫斯和米德爾頓方向行進，再到海口登船去紐約。

第十四章　「康韋陰謀」

六月二十七日晚，英軍八千餘名主力到達孟莫斯附近休息，右翼是黑森僱傭軍，據守在與米德爾頓相連的大路上。這時，李將軍已經率領六千名美軍追上英軍，華盛頓率領主力部隊跟在後面。戰場形勢對美軍十分有利，甚至可以說是穩操勝券。華盛頓命令李將軍進攻敵人左翼，主力部隊則從右翼包抄過去。

可這位剛剛復職的李將軍卻積習不改，戰鬥剛剛打響，他就帶著部隊後撤。取勝良機錯失，打亂了華盛頓的部署，令韋恩的部隊找不到友軍，一側暴露在敵人的火力之下，部隊一片混亂。

當華盛頓率領主力部隊趕到前沿時，局勢已相當混亂了。他立即命令格林從左面衝殺，韋恩從正面進攻，一直打到夜幕降臨才反敗為勝。但克林頓卻趁著夜色連夜運走傷員，逃之夭夭了，讓華盛頓的計劃落空。

華盛頓對李將軍的表現大為惱火，而李將軍對華盛頓的指責也很不服氣，最終他被大陸會議革除一切軍職，返回維吉尼亞老家去了。

George Washington

第十五章　風雲變幻

一切的和諧與平衡，健康與健美，成功與幸福，都是由樂觀與希望的向上心理產生與造成的。

——華盛頓

（一）法軍參戰

一七七八年七月初，在人們的焦急等待中，一支由十二艘大戰艦和若干中小型艦艇組成的法國艦隊載著四千餘名法國軍官士兵浩浩蕩蕩地駛進了美國海岸。雖然它們來得比較遲緩，在海上逆風整整航行了七十八天，但仍然受到了美國軍民最為熱烈的歡迎。

該艦隊的總司令德斯坦伯爵是一位久經沙場的老將，作戰風格果敢幹練，求戰心切，因此七月中旬，他率領的艦隊剛剛抵達桑迪岬附近水域，就立即與華盛頓會晤，共同商討對英作戰事宜。

然而事實很快就讓華盛頓陷入失望當中。七月下旬，美法雙方準備聯合收復羅德島。當時該島駐紮有六千名英軍。根據計劃，沙利文將軍指揮的美軍從島的東北角登陸並發起進攻，法軍將在島的西岸登陸實施夾擊。誰知在行動過程中，當德斯坦在估計豪將軍率領的英國艦隊即將到來時，居然不顧已經登上羅德島的美軍，在一場暴風雨的襲擊下，擅自揚帆而去了。幸虧沙利文將軍及時將部隊撤離該島，才避免了可能被英軍切斷後路的危險。

華盛頓對這次進攻羅德島的計劃失敗深感失望和憤怒，但從維護美法聯盟的大局出發，他儘量淡化這次進攻失敗帶來的影響，在給德斯坦的信中還流露出親切的安慰和關懷。

從一七七八年的戰事來看，美法聯軍未能取得什麼重大的突破。這年十二月以後，華盛頓將美軍安置在從長島海峽到德拉瓦州的幾個營地中，一面令部隊越冬休整，一面負責保衛哈德遜河流域的安全。這年冬天，華盛頓是在費城度過的，他將大部分時間都用來制定新一年的作戰計劃。

一七七九年，北美戰場上也沒有出現什麼大的戰事，交戰雙方的行動都很謹慎。入夏後，克林頓將軍率領艦隊沿著哈德遜河出征，對沿途地區進行了掠奪式襲擊，到處燒殺搶掠，犯下了令人髮指的罪行。五月末，英軍攻佔了策略要地石角和威爾普蘭克角，在這裡派兵駐守，然後繼續沿河而下。

在華盛頓的帶領下，美軍在沿途不斷襲擊英軍，使英軍的遠征行動處處受阻，很快就成為強弩之末。七月初，英軍被迫返回紐約，將進攻的矛頭轉向康乃狄克。

利用英軍主力遠去的時機，華盛頓準備收復石角。石角三面環水，只有一條狹窄的通道與陸地相連。英軍在這裡配備了許多重型武器，可以有效地封鎖河面，控制北部諸州與中部諸州的重要通道——國王渡，因此策略地位相當重要。

鑒於石角的特殊環境，華盛頓認為只能智取，因此決定派輕步兵祕密對其進行襲擊。他將這個重要的任務交給了作戰勇猛的韋恩將軍。

七月十五日中午，韋恩將軍率領輕步兵按計劃進行，從距離石角一四英里以外的駐地出發，晚上八點到達石角要塞一英里半的地方休息。夜裡一一時，在當地人的指引下，韋恩將軍的襲擊隊無聲無息地直奔石角。子夜時分，夜襲隊兵分兩路向工事發動猛攻。待英軍發覺時，美軍已攻入工事內部，雙方展開激烈的戰鬥。不到一個小時，整個戰鬥就以美軍的勝利而結束了。

石角的失利迫使英軍暫時放棄了出征康乃狄克的計劃，克林頓立即調遣重兵前來與美軍決戰。在對局勢進行分析後，華盛頓認為沒必要在不利的情況下與英軍決戰，因此決定放棄石角。在撤退前，他命令部隊運走石角的大砲和屋子，並將運不走的東西和軍事工事付之一炬。等克林頓趕到石角後，石角已經變成了一片廢墟。

十一月，美軍在薩凡納戰場上作戰失利，讓華盛頓的心頭掠過一絲憂鬱。就在這時，強勁的寒流突襲北美大地，似乎在預示著：美軍又將面臨一個嚴酷的寒冬。

（二）人心浮動

一七七九年冬天來臨時，美軍的後勤保障依然困難重重，重現了一年前福吉谷冬天的困境。幸好附近的各個州縣為部隊提供了一些援助和補給品，讓軍隊免於解散，但部隊的士氣卻陷入低落，甚至有了開小差、發生衝突等事件發生。

由於供給長期匱乏，有的官兵忍無可忍，終於導致兵變爆發。一七八零年五月十五日的黃昏時分，康乃狄克前線兩個團在操場上集合，宣布他們準備回家。在聞訊趕來的幾個賓夕法尼亞團的協助下，梅格森上校對兵變部隊進行了耐心的說服工作。經過再三勸說和許諾，兵變最終得以平息。

鑒於美軍的後勤保障工作困難重重，英軍便趁著薩凡納勝利的餘威，準備南下發動一次大規模的陸海軍聯合遠征，攻取重鎮查爾斯頓。

一七八零年二月，大批英軍在南卡羅萊納登陸了，氣勢洶洶地直奔查爾斯頓。

第十五章　風雲變幻

此時，駐守該城的是班傑明．林肯將軍，其手下的兵力只有五千人，形勢對美軍十分不利。華盛頓獲得這一情報後，馬上寫信給林肯將軍，讓他火速撤出查爾斯頓，以免陷入重圍不能脫身。但林肯將軍卻置華盛頓的忠告於不顧，不但沒有撤出這座港口城市，還千方百計地調集兵力死守於此。

不久，英軍就將小小的查爾斯頓圍困得水洩不通。林肯率部在這裡苦守三個月，終因兵微將寡，於五月二日向英軍投降。

查爾斯頓的失陷是美國軍隊自開戰一來遭受的最慘痛的一次失敗，有二千五百名美軍和二千多名民兵被俘，令南部戰場局勢急轉而下。然而，華盛頓卻透過他特有的犀利眼光透過失敗的烏雲看到了一線光明：英軍的一支主力部隊從此就留在了南卡羅萊納。它要想再征服廣袤的南部，就必須要分散兵力才行。這樣，就可以為美軍提供將英軍各個擊破的機會。此時，華盛頓似乎已經預見到了康華利最終在約克鎮投降的這一歷史性時刻了。

占領了查爾斯頓後，克林頓將軍認為英軍已經控制住了南卡羅萊納的局勢。就在這時，他接到一個情報，稱美軍內部發生內訌，紐澤西州政局出現動盪。這一內訌就是美軍因缺乏軍需物資而發生的多次兵變。

（二）人心浮動

克林頓決定利用這一機會，率軍北上，向東紐澤西地區發起攻擊，加速那裡美軍的瓦解。於是一七八零年六月初，英軍一支五千人的先遣部隊在伊麗莎白敦角登陸了。隨後，六月十七日，克林頓將軍率領一支英軍主力部隊隨艦隊駛抵東紐澤西海岸。他的目標是攻打莫里斯城，奪取那裡的軍火倉庫，並攻佔美軍設在當地的一系列軍營和軍事要地。華盛頓獲悉後，立即派出一支部隊前去增援駐守在那裡的格林將軍。

六月二三日黎明時分，敵人向莫里斯城發起了進攻，美軍奮起抵抗。經過兩個小時的激烈戰鬥後，格林將軍發現，由於美軍戰線拉得過長，很快就要被敵人攔腰截斷。於是，他馬上調整部署，果斷地將部隊收縮至城前的一排小山上，依託這裡簡陋的工事抵禦敵人。

但此時英軍已不敢貿然進攻了，因為初始階段英軍進攻過於盲目，隊形過於密集，已經付出了慘重的代價。英軍士兵已無心戀戰，軍官也失去了鬥志，只好倉皇撤出戰鬥。

這次戰鬥結束後，英軍主力便撤出了該地區，保衛東紐澤西的戰役以美軍的勝利而宣告結束。

（三）間諜

在美國獨立戰爭史上，一七八零年是充滿不測風雲的一年，美軍在戰場上有勝有負，其中最大的失利要算是查爾斯頓的失陷。然而，對美國人民心靈的打擊最為沉重的事件，卻莫過於阿諾德的叛變。

在以往數年的艱苦戰爭中，班奈狄克·阿諾德將軍一直都是華盛頓心目中一位出色的人才，同時也是一位領導有方、作戰勇敢的軍事天才。從圍攻波士頓到薩拉托加戰役，阿諾德為戰役的勝利立下了不可磨滅的功勛。

但是，阿諾德自身也存在一些致命的弱點，正是這些弱點將他引入了罪惡的深淵。他心胸狹隘、偏激暴戾，而且居功自傲，在金錢和女色面前常常表現得神情恍惚，喪失理智。從一七七八年出任費城駐軍司令後，他就陷入了燈紅酒綠、紙醉金迷的生活當中，整日不理政事。在這裡，他愛上了一位親英派分子佩吉·西彭小姐，兩人很快相戀並結婚。婚後，為了討好年輕貌美、出身高貴的妻子，身無分文的阿諾德不惜挪用公款，與富豪們比闊，一步步走向墮落。

阿諾德的行為招致民眾怨言紛紛，賓夕法尼亞州行政委員會也向大陸會議指控

（三）間諜

這位城防司令與王黨分子沆瀣一氣並挪用公款。不久，阿諾德就受到了軍事法庭的調查，並被費城議會驅逐出境。

就是從這時起，阿諾德產生了要向他曾苦苦為之戰鬥的國家進行報復的念頭。他在親英派妻子的慫恿下，開始與佩吉的舊情人亨利．克林頓的副官約翰．安德烈建立聯繫，向英軍通風報信，出賣國家祕密。為進一步提高自己的身價，以換取英國人更多的報酬，一七八零年八月，他還到西點總司令部見華盛頓。華盛頓念及他過去在槍林彈雨中屢建奇功，便任命他為西點駐地的指揮官。此後，阿諾德就以他的防區為籌碼，與英軍做起了交易，以期在英軍內謀取一個職位。

阿諾德在當上西點要塞司令的第二個月，就趁華盛頓外出視察之機，在附近的一間暗室裡祕密約見了安德烈，並向他提供軍事機密。

第二天，安德烈扮成商人摸樣，騎馬向紐約方向疾馳而去。民兵見此人形跡可疑，便攔住他的去路，仔細盤查，沒想到從他的靴子裡發現了一封信。這封信是阿諾德親筆寫給克林頓將軍的，談到他將幫助英軍巧奪西點要塞的行動計劃。安德烈隨即便被送往附近美軍據點。

令人難以置信的是，負責此案的詹姆斯上校明知阿諾德涉嫌其中，卻派人向阿諾德報告了此事，然後才將信交給華盛頓。

在華盛頓回來前的二小時，阿諾德接到報告後，知道陰謀敗露，便匆匆向妻子告別，隨即倉皇出逃。

華盛頓回到西點指揮所後，得知阿諾德叛變，萬分驚愕。他急忙派副官火速追趕阿諾德，並命令各據點加強防範，可惜為時已晚，阿諾德已經逃到英國「禿鷹號」旗艦上，公開成為美國可恥的叛徒。

事後，在得知安德烈是克林頓將軍的副官後，華盛頓曾提出以安德烈交換阿諾德，但克林頓卻拒絕了華盛頓的建議，因為此舉必然會使英國人策反美國軍官的努力付諸東流。結果，安德烈被美國軍事法庭以間諜罪處以絞刑。

第十六章　約克鎮的勝利

在我執政之時，任何針對我政務的攻訐，我一概置之不理，因為我深深地知道，如果這些攻訐經不起事實的檢驗，報上的一紙空文將無損於我一根毫毛。

——華盛頓

（一）決戰在即

美國在與法國聯盟後，獨立戰爭的形勢並沒有發生根本性的好轉，反而一度出現新的危機，戰場上屢遭失敗，軍中供給困難，兵變迭起。大陸會議也矛盾重重，一籌莫展，而阿諾德的叛變又將這場危機推向了高峰，一時間美軍疲於招架，險象環生，大有黑雲壓城城欲摧之勢。

不過，美法聯手畢竟還是大大增強了美軍的戰鬥實力，戰爭最困難的時期已經過去，這場所謂新的危機也只是黎明前的黑暗而已。從一七八零年下半年起，美軍經過艱苦的戰鬥，逐漸擺脫了失敗的陰影，在南部戰場取得了一系列振奮人心的勝利。

一七八零年九月，康華利率軍北上，準備將美軍逼到維吉尼亞而殲之。可是，他的先遣隊卻遇到了民兵的襲擊，只好退到金斯山。還未等站穩腳跟，就被一個民兵首領率領一千人將其團團圍住，切斷了英軍的後路。民兵利用地形熟悉的優勢，兵分三路攻擊英軍。先遣隊指揮官最先被民兵擊落，英軍四散奔逃，死傷四百餘人，其餘則全部繳械投降。

(一) 決戰在即

這一戰使南卡羅萊納的形勢發生了轉機，群眾紛紛參加民兵隊伍，康華利受到了當頭一擊，只得退回到考彭斯，不敢再輕易行動。

一七八一年一月，美國南方軍司令格林將軍會同民兵在考彭斯再敗英軍，致使康華利損兵折將，一直逃竄到威明頓，在那裡等待救援。格林將軍趁勝收復了南卡羅萊納州。

美國在南方的勝利大大增加了美國獨立戰爭的實力，加上法國遠征軍的到來，華盛頓認為，與英軍進行決戰的時機已經到了。

但是，在什麼地方進行決戰呢?這個問題讓美法兩方產生了分歧。

一直以來，華盛頓都在思索這個問題。經過深思熟慮，他主張將策略決戰的地點選在紐約。他認為:紐約是美國的大城市，又是英國主力部隊的駐紮地，而且十分適合進行陸海軍協同作戰。只要法國海軍和陸軍駛抵紐約，美法聯軍協同作戰，水陸夾擊，就能穩操勝券，結束戰爭。但同時，他也做了兩手準備，主張如果紐約決戰的構想不能實現，也可以在南方的某個城市尋找戰機。

一七八一年五月，華盛頓向法軍總司令羅尚博提出了這一構想，可羅尚博卻認為華盛頓的構想是異想天開，不切實際，因此對其不予理會。

七月二一日，華盛頓又致信法國艦隊總司令格拉塞伯爵，請求他率領艦隊迅速駛往紐約灣，協同美軍攻打紐約。但格拉塞覆信說，他的部隊不能到達紐約，而是要華盛頓率部到四零英里外的乞沙比克灣與他會合。

華盛頓清楚，要對英軍進行決定性打擊，在很大程度上取決於法軍的支援，因此他經過再三考慮，決定將維吉尼亞選為決戰戰場。幾乎與此同時，華盛頓受到了來自南方前線的報告：康華利已退守維吉尼亞的約克鎮。這一次，華盛頓南下的決心下定了！

（二）約克鎮大戰

為了不讓英軍看出聯軍的策略意圖，華盛頓要求軍事調動工作一定要在嚴格保密的情況下進行。一方面，華盛頓擺出要攻打紐約的架勢，派工兵到紐澤西修築像大部隊營地一樣的建築；另一方面，他又讓那些英國間諜費盡心思地偷看到這個偽

（二）約克鎮大戰

造文件，以便讓克林頓相信，格拉塞指揮的法國艦隊將北上配合美軍攻打駐紮在斯特滕島上的英軍。

華盛頓的這一招果然有效，克林頓將軍對美軍的計劃完全蒙在鼓裡。他的心思都放在法國艦隊上，擔心美法聯軍會進攻紐約，因此還向南方康華利要求抽調兵力來紐約助戰。而康華利此時已徹底放棄了征服維吉尼亞的打算，將所有部隊都撤入約克鎮。這樣一來，就剛好落入了華盛頓設計的陷阱中。

八月二十日，華盛頓開始率領軍隊渡過哈德遜河。二十五日，美法聯軍分兩路向紐澤西進軍。當克林頓知道美法聯軍的真實目的後，聯軍已經抵達德拉瓦河了。顯然，想要阻止聯軍南下已經是不可能的事了。這位英軍總司令匆忙派出美軍叛徒阿諾德率軍五千人東征康乃狄克，企圖轉移華盛頓的注意力，牽制他一部分兵力。

八月三十日，格拉塞率領法國艦隊抵達乞沙比克灣，帶來了大砲、空船，封鎖了約克河河口，切斷了康華利的海上退路。英國海軍上將格雷夫斯抱病前來，與格拉塞部打了一場激烈去無足輕重的小戰役後便撤離了，將制海權拱手相讓，拋下了被重重包圍在約克鎮的康華利。

直到此時，康華利才認識到自己的危險處境，但他還不知道華盛頓和羅尚博率領的美法聯軍已在迅速南下，以為他的對手只是為數不多的大陸軍而已，因此沒有採取任何撤退舉動，從而失去了最後的機會。

九月五日，美法軍隊在德拉瓦河畔的切斯特勝利會師，從這裡到乞沙比克灣僅有很短的一段路程。同時，一支法國分艦隊也衝破了英軍的封鎖，從紐波特開到乞沙比克灣，為法軍送來了大量的軍需裝備和物資。

直到這時，英軍才如夢方醒，意識到華盛頓的策略進攻方向為約克鎮。康華利如坐針氈，意識到自己的處境相當不妙，企圖立即撤退到卡羅萊納，但為時已晚。

在陸地上，美法聯軍大軍壓境，將通往各個方向的要道全部封閉。此時的英軍可謂上天無路，入地無門，成了美法聯軍的網中之魚。在萬般無奈之下，康華利只好將軍隊全部撤到約克鎮地區，希望能固守約克鎮，等待克林頓的援軍到來。

為了能打好這一仗，美法聯軍做了精心的準備，共集中一點八萬名戰鬥人員和數百門火炮，海面還有一支龐大的法軍艦隊，隨時可以為戰鬥提供火力支援，聯軍的攻堅力量已經達到相當高的水平了。

（二）約克鎮大戰

華盛頓認為：圍殲約克鎮英軍的時機已到，事不宜遲，必須儘快發動全面進攻。否則，英軍大艦隊趕來，情況就可能會出現意外。

九月二十八日，美法聯軍從威廉斯堡向十二英里以外的約克鎮出發。傍晚時分，大軍在距約克鎮不到二英里的地方安營紮寨。十月初，美法聯軍開始從陸地上形成對約克鎮英軍的半圓形包圍。與此同時，法國海軍也切斷了英軍的水上退路。

十月六日晚，聯軍開始挖掘第一道平行塹壕。三天後，第一道平行塹壕和三個砲兵陣地就全部竣工了。

九日下午五時，作為總司令的華盛頓被邀請去點燃總攻擊的第一炮。這是一門新式的法國炮，不僅彈藥充足，炮手也訓練有素。當華盛頓看到自己親手施放的砲彈準確地落在炮手預先指給他看的英軍塞牆上時，這位美洲鄉巴佬司令對法國炮手的高超素質驚嘆不已。

緊接著，聯軍數百門火炮同時向敵人的城防工事發起攻擊，使小小的約克鎮瞬間便籠罩在濃濃的煙霧和火海之中。敵軍的塞牆成片地倒塌，大片陣地和工事被夷為平地，許多彈藥庫被摧毀，火炮和車輛被炸成一堆堆破銅爛鐵，英艦「夏隆」號和三艘大型運輸船也被擊毀，並燃起熊熊大火。望著沖天的硝煙和火光，華盛頓不禁興奮地感嘆道：

「上帝保佑，美國人民此戰必勝！」

（三）自由萬歲！獨立萬歲！

十月十一日夜晚，聯軍開始挖掘第二道平行塹壕。開始進行得很順利，可不久便滯緩下來，原來是英軍在前方修築了兩座碉堡，不斷用猛烈的火力從側翼襲擊築壕士兵。華盛頓下令：立即消滅這兩個攔路虎！

十四日夜晚，聯軍向英軍外圍的兩個堡壘發起進攻。經過一番苦戰，終於拿下了敵人的堡壘。這樣一來，築壕的進度又大大加快了。

十五日夜晚，聯軍在壕中架起大砲，約克鎮的敵軍陣地已經完全暴露在聯軍炮火的有效射程之內了，康華利已陷入絕境。

但是，英軍是不會輕易放下武器的，康華利使出渾身解數，企圖外逃。十六日

（三）自由萬歲！獨立萬歲！

晚，康華利準備了十六艘大船，準備外逃。然而天公不作美，頃刻之間，暴風雨驟起，洪浪濤天，船隻被打得七零八落，康華利的最後一線希望破滅了。

聯軍隨即對英軍實施了更加猛烈的炮轟，約克鎮的城防工事頓時變成一片火海，英軍傷亡慘重，已經到了無力抵抗的境地。在走投無路的情況下，康華利終於於十月十七日上午十點下令擊鼓，要求停戰談判，並派出信使攜函華盛頓處，要求雙方休戰，談判投降條件。

經過談判，約克鎮地區的英軍宣布無條件投降。投降儀式定於十九日在約克鎮中心廣場舉行。

十月十九日中午一二點，莊嚴的聯軍受降儀式如期舉行。約克鎮中心廣場上空，國旗與軍旗隨風飄揚，軍樂鼓號齊鳴。下午二點，聯軍的軍樂隊奏起了雄壯的進行曲和一首美國民歌小調。這支民歌是當年英國人嘲笑美國佬的名曲——《洋基歌》。

康華利覺得投降是一件十分屈辱的事，因此稱病未敢露面，指派奧哈拉代替他前去投降。而華盛頓這位美軍總司令認為，既然康華利將軍可以找人替代，那麼他

第十六章　約克鎮的勝利

也可以照此進行。於是，這位堅持原則的美軍司令遂指定奧哈拉向在查爾斯頓曾受過克林頓侮辱的林肯將軍受降。

有趣的是，就在約克鎮英軍被迫放下武器那天，恰值克林頓將軍率領三十多艘戰艦和七千多名士兵從紐約出發，前來營救康華利。然而，當他於十月二十四日抵達乞沙比克灣時，等待他的卻是康華利已經投降的消息。二十九日，這位英軍司令才悻悻然返回紐約。

約克鎮大捷是獨立戰爭以來美國獲得的最大一次勝利。雖然當時英軍在哈利法克斯到查爾斯頓的廣泛戰線上仍有數倍於美軍的力量，但這次打擊卻讓英軍大傷元氣，從根本上動搖了英軍對這次戰爭的信心。

約克鎮戰役後，英美雙方實際上已經停止了重大的軍事行動。從一七七五年四月十九日北美人民在萊星頓打響反對英國殖民統治的第一槍，到一七八一年十月十九日康華利宣布投降，美國獨立戰爭整整進行了六個年頭。在此期間，美國人民經歷了各種難以想像的磨難，遭受了巨大的犧牲。今天，這一切終於有了一個結果。

那就是：自由萬歲！獨立萬歲！

George Washington

第十七章　從將軍到公民

我的最大願望就是將這一切事情都處理得乾乾淨淨，以便我動身前往天國時不致受到責難。

——華盛頓

（一）危機尚存

在約克鎮戰役結束後，華盛頓本打算與法軍配合對查爾斯頓發動一起聯合進攻，給英軍以毀滅性打擊，推動戰爭早日結束。但由於法國艦隊與西班牙之間另有戰事，他的這一計劃未能實施。

接下來，華盛頓便著手完成遣送戰俘的工作，眼看冬天就要到了，他還要為安置部隊過冬營地和儲備物資而奔忙。就在這時，一件不幸的事情發生了：華盛頓的繼子約翰因病去世了。約翰雖然不是華盛頓的親兒子，但從小就被華盛頓所鍾愛，視為己出。因此，華盛頓的傷心可想而知。瑪莎對兒子的去世更是痛不欲生，為了安慰夫人，華盛頓將約翰最小的一對兒女收為自己的孫子孫女。從此，他們就成了華盛頓家族的直系傳人，這也讓瑪莎精神上有了一些寄託。

在處理完約翰的喪事後，華盛頓又匆匆趕往費城出席大陸會議，在費城逗留了四個多月，直到一七八二年三月才回到哈德遜河畔的司令部。這時，令他擔心的主要有兩件事。

在約克鎮大捷後，人們都認為勝利在望，因而普遍放鬆了軍事警惕，但英軍在

（一）危機尚存

北美大陸的實力仍然是很強大的。一七八二年五月，蓋伊．卡爾頓爵士抵達紐約，替代亨利．克林頓爵士成為駐北美的英軍總司令。這是華盛頓出任大陸軍總司令以來上任的第四位英軍總司令。五月七日，卡爾頓致函華盛頓，向他轉交了英國國王向議會提出的要求和平的申請書，同時表達了自己的和平意願。儘管如此，華盛頓認為仍然不能放鬆戰備。

八月初，卡爾頓再次致函華盛頓，稱英國代表已在巴黎的和平談判中提議美國獨立。直到此刻，華盛頓仍然小心翼翼地指出：

「鑒於以往英國政策的一貫昏庸、奸詐和卑鄙，我承認我什麼都不相信，我懷疑一切。……不管敵人的真正意圖是什麼，我都認為應該進一步加強而不是減弱我們的注意力和努力。謹慎戒備和採取一定的預防措施至少不會帶來什麼害處。過分相信別人和苟且偷安可能是極其危險的。」

基於這種觀點，華盛頓不僅沒有削弱美軍的力量，反而將原駐紮在維吉尼亞的法軍也調到哈德遜河畔，以加強紐約周圍的防務。

可就在這時，軍中又出現了不滿情緒。官兵們經常議論的話題，就是之前欠的軍餉是否能按時兌現？因為戰爭已接近尾聲，一旦和平條約簽訂，軍隊被遣散，他們的呼籲就可能沒人理睬了。大家多年在軍中服役，付出了青春年華，甚至是犧牲了個人的事業和家庭，許多人除了會打仗外，沒有其他的生存技能。退役後如果不發放軍餉，他們甚至無法生活下去。

然而到目前為止，大陸會議都沒有任何表示，這讓官兵們既失望又憤怒。隨著不滿情緒的增長，一些官兵開始發起請願，舉行集會，討論如何採取措施來實現他們的要求。軍營中甚至有人散發匿名信，指責大陸會議忘恩負義，拒絕支付軍人應得的薪餉。

面對這種形勢，華盛頓的心情也很不平靜。雖然他也十分同情這些與他一起出生入死的戰士們，但為了防止事態惡化，他召開了一次集會，在會上發表了一篇充滿感情的演說，再一次激發起戰士們的愛國熱情和信任感。

隨後，華盛頓立即致函大陸會議主席，提請高度重視軍隊待遇問題。不久決定：軍官們退役後的薪餉將折合成一次性發給五年的全薪。這個一度造成巨大威脅的問題，由於華盛頓的努力爭取而圓滿解決了。

（二）反對稱王

在約克鎮大捷後，華盛頓聲譽日漸增加，幾乎被奉若神明，被譽為「美國的大救星」。而這時的邦聯政府依然結構鬆散，缺乏權威，各州都保持著各自的財證權和商貿權。邦聯政府無權徵稅，無權制訂州際商約等，經費要靠各州攤派，與軍隊的關係也難免緊張。軍隊內部反對聯邦制度的情緒日益高漲，一股要求建立君主政體的思潮逐漸蔓延。甚至有人公開議論：要華盛頓出來當美國的國王。一七八二年五月，華盛頓就收到曾擔任過駐軍指揮官劉易斯·尼古拉上校的信。尼姑拉上校在信中勸華盛頓應義不容辭地擔負起美利堅合眾國國王的重任。

在美國獨立以前，美國十三個殖民地的最高統治者是英國國王。各個殖民地的總督是最高行政長官，由英王任命。大英帝國雖然在一六八八年革命後建立了君主立憲制，國王之外多了議會，但北美殖民地在議會中並沒有代表，殖民地人民都是英國的臣民。

《獨立宣言》發表後，隨著反英獨立運動的掀起，總督、官吏、王黨分子大批逃亡，原有的統治機構土崩瓦解，各州開始按照資產階級政治思想制定州憲法，建立州的行政機構。

當時，歐洲仍然很盛行封建君主制。德意志的國王是腓特烈二世，俄羅斯帝國國王是女皇葉卡捷琳娜二世，法國則由國王路易十五執政。說到建立共和政體，美國是世界上第一個，美利堅這時還是封建帝制汪洋大海中的一座孤島。

華盛頓對尼古拉的來信頗感驚訝，但他很快就平靜下來。他很清楚：尼古拉是軍隊中部隊派系的代言人，他們的目的是想讓軍隊成為政府的基礎，華盛頓成為政府的獨裁首腦，就像一六四零年英國資產階級革命時期的克倫威爾一樣。因此，華盛頓給尼古拉寫了一封義正詞嚴的回信：

我認真地閱讀了您要我仔細閱讀的意見，感到非常吃驚和意外。先生，我可以肯定地告訴您，在戰爭進程中發生的任何事情都沒有像您所說的軍隊中存在的那種思想更讓我感到痛苦。我不得不懷著憎惡的心情看待並嚴厲地斥責這種想法……

使我困惑不解的是，究竟我有哪些舉措足以鼓勵您向我提出這種請求？我認為這個請求孕育著可能使我們的國家受到最大的災難。如果我不是缺乏自知之明的話，您不可能找到一個比我更不同意您的計劃的人了。

（二）反對稱王

如果您對您的祖國、對您本人和您的子孫還關心的話，或者對我還尊重的話，您就應該把這種想法從心中排除乾淨。從今天起，無論您自己還是其他任何人，再也不要提出同樣性質的意見了！

華盛頓自己不當國王，也堅決反對實行君主制。他早就對君主制深惡痛絕，堅決維護共和體制，維護當前已經形成的邦聯政府。他在給尼古拉信中所表達的鮮明態度，是對君主制擁護者的一個有利打擊。

另一方面，華盛頓認為目前的邦聯制度缺失也無力解決國家的困難。因此，他的治國方案主要包括下面的內容：

一，出於安全需要，應該使議會具有「最夠的權利」。

二，修改《邦聯條約》。

三，妥善解決軍隊問題。

一七八三年六月，華盛頓給各州的州長發出通函，闡述了他對美國未來的設想。他認為：美國人能夠透過對人類思想的研究，了解人民和政府的本質，創造和改革美國的政治機構。

這時的華盛頓，對戰後國家的政治體制已經有了比較成熟的思考。他反對君主制，力主加強聯邦政府的權利；反對國王一統天下，主張十三個州組成一個統一的國家。他不贊成君主專制，也不是激進的民主主義者，而是一個忠實的共和主義者。

（三）卸甲歸田

人們渴望已久的實現和平的消息終於傳來了。一七八三年九月三日，英美兩國在巴黎簽訂合約，英國正式承認美國獨立，並確認美國的疆界北接加拿大與大湖區，南至佛羅里達，東起大西洋沿岸，西達密西西比河，總面積比獨立初期擴大了一倍半，達到兩百三萬平方公里。經過長期的浴血奮戰，美國人民終於取得了劃時代的偉大勝利。

十月十八日，大陸會議決定解散大陸軍。他們在公告中宣布，所有已休假的軍官和士兵都不再服役，並承諾在戰爭中服役的其他人將於十一月三日起停止服役，僅保留一小部分部隊繼續服役，直到全面和平。

（三）卸甲歸田

十一月二日，華盛頓在普林斯頓附近的落基希爾向美國軍隊發表了告別演說。在這個演說中，華盛頓滿懷深情地回顧了獨立戰爭漫長而又偉大的歷程，高度評價了全軍將士與兇殘的敵人進行的英勇戰爭、經歷的無數艱難險阻和取得的輝煌業績。接著，他又向人民展示了勝利後國家所面臨的光明前景和美好未來，並祝願每一位官員都能跟上時代的腳步，在未來的生活中過上幸福富足的生活。

在演說中，華盛頓還言辭懇切地向廣大官兵們提出如下建議：

你們應該熱愛邦聯，將高度的和解精神帶到平民社會當中去。在部隊裡，你們是堅韌頑強和百戰百勝的戰士；在社會上，你們也將不愧為道德高尚和對國家有用的公民。

……願部隊的成就和嘉譽繼續鼓勵著每一位成員發揚我們的光榮傳統。你們應有此信念：平民生活中簡樸、謹慎和勤勞的個人美德與戰場上更為壯麗的奮勇、不屈和進取精神同樣可貴。人人都應有此信心：官兵未來的幸福，在很大程度上都有賴於他們成為廣大民眾中的一員以後為人處世的明智與光明磊落。除非邦聯政府的原則能夠得到應有的支持，其權利能夠得到加強，否則，我們國家的榮譽、尊嚴及公正就將永遠喪失。

華盛頓的這番演講句句情深，字字中肯，既像一位高度負責的長官對即將離任的下屬的殷切期望，又像一位慈祥的長者對年輕子女的諄諄教誨。從中人們也不難看出華盛頓與這支軍隊之間的特殊情感——在八年的硝煙戰火中所孕育起來的血肉相連的濃濃戰友深情。

在這次講話中，華盛頓還開誠布公道地出了自己在國家和平後的願望和去向。他最後說道：

「在抱有這樣一些願望和得到這種恩惠的情況下，總司令就要退役了。分離的簾幕不久即將拉下，他將永遠退出歷史舞台。」

十二月四日，華盛頓乘船離開了紐約，送別的人群擠滿了紐約港。華盛頓熱淚盈眶，激動得一句話也說不出來，不停地揮動手中的帽子，與岸邊的戰友們依依惜別。

途中，華盛頓又在費城逗留數日，與財政部的審計人員一起核查了他在整個戰爭期間的各項開支。這些帳目與他在經營維農山莊時一樣，記得清楚準確，每筆開支旁都著名了日期和用途。華盛頓的這種記公帳的習慣，被後人們視為「他為官清廉的證據，以及對常常大手大腳浪費公款的官員的無情鞭撻」。正是這些具體的小事，讓華盛頓受到了人們的敬仰。

十二月二十日，華盛頓到達安納波利斯，致函大陸會議主席，就採用何種方式提出辭呈的問題徵求意見。最後，他決定在大陸會議廳以口頭方式辭去他的大陸軍總司令職務。

十二月二三日，大陸會議在安納波利斯召開，華盛頓親手將大陸軍總司令的委任狀交還給大陸會議，並再一次明確表達了自己辭去一切公職、過平民生活的熱切願望。

（三）卸甲歸田

二十四日一大早，華盛頓就匆匆離開了安納波利斯，日夜兼程，返回了魂牽夢繞的維農山莊。當華盛頓到達維農山莊時，瑪莎和其他家人們都來到大門口，迎接這位風塵僕僕、凱旋故里的將軍的歸來。整個維農山莊都沉浸在一片歡快的氣氛之中。

一七八三年的聖誕節，華盛頓是在維農山莊度過的。看到欣喜若狂的家人和家鄉的一切，他深深地體會到一種闊別故土的遊子在歷經千難萬險之後回到慈母懷抱的感覺，更感到田園生活的可愛之處和巨大魅力。他決心隱居鄉間，潛心務農。在給紐約州長克林頓的信中，華盛頓寫道：

「戲終於演完了。我不再肩負公職，感到如釋重負。我希望在自己的晚年能夠躬行於為善良的人們做事和致力於品德的修養。」

George Washington

第十八章　美國第一任總統

在任何一個國家，知識都是公共幸福最可靠的基礎。

——華盛頓

（一）再度出山

回到維農山莊的華盛頓潛心田園農事，享受著恬靜的生活，日子過得十分愜意。不過，華盛頓也並沒有完全消極遁世或沉溺於個人享樂，雖然不在其位不謀其政，但一種對國家、對人民的責任感仍然讓他不能超然物外，他不能不常常思考著國家事務中出現的許多新問題。

他漸漸發現，《邦聯條例》下建立起來的新的國家體制並沒有實現人民預期的理想。由於中央權力極小而州的權利很大，各州如同一個個獨立的主權國家，使整個邦聯儼然成為一個由十三個主權國家組成的鬆散的聯盟。在這種體制下的美國，也出現了許多無法解決的矛盾和問題。

例如：國家不能建立穩定的財政秩序，無法保障債權人的利益，尤其是戰爭中欠下的大量國債無法償還；國家不能實行關稅壁壘政策，以保護美國年輕的民族工商業；美國在國際上處於軟弱無力的地位，國家無法保護美國人的海外權益；國家無法保證國內社會秩序的穩定……。

面對邦聯統治幾年後的美國，華盛頓感到一陣隱痛和不安。這種局面如果長久地持續下去，必然會給這個新生的共和國帶來巨大的損失。

就在華盛頓擔憂不已的時候，一七八六年秋，為了能存下去，麻薩諸塞州西部的廣大貧苦農民終於在丹尼爾．謝斯的領導之下發動了起義。起義隊伍很快就擴展到十五萬人，人數最多時甚至超過當年華盛頓統帥的大陸軍。

起義的消息很快傳到維農山莊。邦聯政府派去監視起義者的陸軍部長諾克斯在寫給華盛頓的信中寫道：

「他們的信條是：全部財產都是全國人民一起從英國統治下奪回來的，因此，它應該屬於全體美國人民。」

華盛頓聽到這個消息後，絕望至極。當初退伍時，他如果聽人說「在今天你將看到反對我們自己制定的法律與規章的可怕的叛亂……」，他會毫不猶豫地斥之為「神經病」；而現在，他看到了「這個國家裡第一次出現的最光彩奪目的晨曦之上籠罩烏雲」，他無比氣憤地喊道：

「仁慈的上帝啊！人類的行為怎麼能如此反覆無常，背信棄義？前幾年我們還在為建立今天的制度，為建立我們自己選擇和創立的制度，我們在流血；可是現在，

第十八章　美國第一任總統

我們又要拔出刀來，想要推翻這種制度！」

謝斯起義很快就被鎮壓下去了，但邦聯政府體制表現出來的極度的軟弱性讓華盛頓強烈地感到建立一個強有力的中央政府的緊迫性。華盛頓在給時任外交部長的詹姆斯．傑伊的信中指出：

我認為，我們想要作為一個國家長久地存在下去，就必須把權利交給某個機構，讓它雷厲風行地在整個聯邦中運用自己的權利，就像每個州的州政府可以在本州內雷厲風行地運用自己的權利一樣。

為了表達自己對國家的關心，華盛頓在信中還強調：雖然他已退職回鄉，但他無法將自己完全置於漠不關心的旁觀者的地位。

在華盛頓的呼籲下，安納波利斯會議上提出的關於一七八七年夏在費城召開全國代表會議的建議得到廣泛響應。一七八七年二月，邦聯會議決定召開全國代表會議，修改《邦聯條例》。

此時，維吉尼亞、紐澤西、賓夕法尼亞、德拉瓦和北卡羅萊納州已指定出席會議的代表，議會要求其他各州也派代表參加。後來，麻薩諸塞、紐約、喬治亞、馬里蘭和康乃狄克州也先後派出出席會議的代表，只有羅德島州拒派代表參加。

維吉尼亞議會一致推舉華盛頓擔任州代表出席費城會議，但華盛頓卻有些猶豫不決。他認為，自己既然已經公開宣布退出政壇，現在再重新出現在政壇上，別人會覺得他出爾反爾；而且，如果他出席會議，而會議還未召開就失敗了，那對他的名聲影響也會十分不好。

但是，從另一個方面考慮，華盛頓又很擔心，如果自己閉門不出，會有人認為他不肯為國家出力，讓美國建立共和國的試驗失敗。

種種顧慮，讓華盛頓陷入遲疑不決之中。

後來，親友們都勸華盛頓出席非常會議，以便利用他的威望和影響促使這次會議成功舉行。華盛頓本人也考慮到建立強有力的中央政府和維護共和主義的必要性，終於決定再度出山。

（一）再度出山

（二）立憲會議

一七八七年三月二十八日，華盛頓致函維吉尼亞州州長藍道夫，表示自己的健康允許的話，他願意作為維吉尼亞代表參加費城全國代表會議。帷幕既然已經拉開，華盛頓只有希望這次會議「不要接受妥協的權宜之策，而是要徹底找出憲法的弊端，並要制定出根治方法」。

在對維農山莊進行一番安排後，五月十三日，華盛頓到達費城。這位聲名顯赫的前大陸軍總司令的到來，在整個費城都引起了轟動。賓夕法尼亞一家報紙對此做過這樣的報導：

「入城時，禮炮轟鳴，鐘聲響亮，人們高聲歡呼，表達他們對這位偉人到來的熱烈歡迎。」

五月十四日原定是費城會議開幕的日子。可當華盛頓和維吉尼亞代表們一到達會場時，卻驚訝地發現只有維吉尼亞和東道主賓夕法尼亞的代表到達了，整個會議廳顯得空空蕩蕩。這些難道都是不祥之兆嗎？

但華盛頓的處事態度是：要麼不做，只要決定做，就一定要做出個樣子來。於是，他利用開會前的間隙時間一面與本州代表討論磋商，盡可能統一意見；一面與陸續到達的各州代表廣泛交流。因此到開會前，華盛頓等人的觀點已經為相當一部分代表所了解並初步認可了。

（二）立憲會議

五月二十五日，七個州的代表先後抵達費城，勉強湊夠了法定人數，制憲會議才正式召開。後來，又有五個州的代表陸續來到費城。這樣，一三個州中除了羅德島州外，都派代表出席了會議。

在出席會議的五十五名代表當中，最具有影響和權威的人物要數富蘭克林和華盛頓。但富蘭克林此時已是八十一歲的高齡，年老體衰，精神不濟，因此主持領導這次會議的重任不可避免地就落在華盛頓身上。大會代表透過議程，選出會議領導人員，華盛頓被一致推舉為會議主席。

會議開始不久，華盛頓就提議通過兩個決議：各州不論大小，在表決時只有一票；會議期間嚴加保密，不得將內容外洩。對於後者，華盛頓尤其重視。他認為，如果會議議事記錄外洩，就會使大會不成熟的思想擾亂公眾的平靜，從而可能在國內激起對抗浪潮。

制憲會議每天正式開會四到七個小時，會期一直延續了四個多月。其間，華盛頓恪於主席身分，不便參加辯論，但他那眾所周知的意見對大家都產生了影響。

在會議進入正題後，維吉尼亞代表團麥迪遜起草了一份建立新政府的方案。這個方案被稱為「維吉尼亞方案」，其基本要點是：

一，按各州認可比例設立一個兩院制立法機構。下院由人民選舉產生，上院由下院選舉產生。

二，由立法機關選擇一種行政機構。

三，建立一個由立法機關選舉的司法機關，包括最高法院和下級法院。

經過激烈的辯論，九月十七日，會議以七票對三票的優勢通過了以維吉尼亞方案為藍本建立新政府的決定。歷時四個多月的制憲會議正式降下帷幕，接下來就是要各州議會逐一批准了。

這部憲法規定了一整套符合美國國情的治國原則，規定美國是一個聯邦制的共和國。在國家政治體制上有兩個重要特點：從中央政權和州政權的關係上，它是聯邦制國家；從國家最高權力的結構看，它是個三權分立的共和制國家。這種體制也奠定了美國的立國基礎，至今已執行兩百多年。

在十八世紀，美國憲法規定的立法、司法和行政三權分立，總統由選舉產生並規定了任職年限，這與終身制和世襲制的封建君主制相比，是一種偉大的歷史進步。它否定了君權神授的合法性，否定了國家最高權力的不可分割性和不可轉讓性。正如列寧所說：

「資產階級的共和制、議會和普選制，所有這一切，從全世界社會發展來看都是一種巨大的進步。」

(三) 當選

制憲會議結束的第二天，華盛頓就匆匆處理好各種事務，坐馬車回到維農山莊。大約在同時，邦聯議會也將新憲法的文本轉發給各州議會，以供由各種選舉產生的代表大會討論批准。按規定，如果有九個州批准，憲法就可以生效。但事實上，如果有一個州從中作梗，憲法也難以在全國實施。所以，爭取批准憲法的工作

第十八章　美國第一任總統

雖然不如制定它那樣富有創造性，但卻更為艱難和複雜。

這次回到維農山莊後，華盛頓再也無法靜心於恬淡的莊園生活了，而是日夜焦慮地關注著新憲法的命運。

從一七八七年底開始，好消息便陸續傳來，各個州陸續批准了新憲法。直到一七八八年六月底，華盛頓在憲法上簽字十個月後，北卡羅萊納州最後一個批准了憲法，爭取批准憲法的運動最終在全國取得了勝利，一個新型的聯邦制國家在北美誕生了。

根據新憲法的規定，國會立即通過決議，定於一七八九年一月的第一個星期三由美國人民推舉總統選舉人。隨後，在二月的第一個星期三，由選舉人開會選舉總統。新政府的會議將在三月的第一個星期三在紐約市舉行。

選舉誰來當選美國的第一任總統成了全國人民都在議論的話題。人民的目光很自然地投向了領導他們爭取祖國和民族獨立的英雄華盛頓。

華盛頓對於是否出任美國總統表現出一種矛盾的心理。一方面，總統職位並沒有產生讓他入迷的魅力；另一方面，他又為新憲法的通過而歡欣鼓舞，並期望這可以將他引向政治事業上輝煌的巔峰。因此，當漢密爾頓來函勸說他接受總統職務時，華盛頓一再表示：

「如果我被委任而又無法推辭，可以肯定，接受此項任命將比我生平所經歷的任何任命更加令人惶恐和不快。」

同時他又表示：

「我將下定決心，別無他顧，竭盡全力為民效力，以期能在適當的時機儘早解除這一職務，使我能再一次退隱，以便在驚濤駭浪之後度過平靜的晚年，享受天倫之樂。」

（三）當選

一七八九年二月四日，選舉人團一致通過華盛頓為美國第一任總統。他的當選既是必然的，也是必要的。就當時美國的情形來說，華盛頓的領導是新政府唯一能夠吸引美國全國團結一致的一種力量。

根據規定，華盛頓將於一七八九年三月四日起出任美國總統，任期為四年。於是。華盛頓開始安排家務，準備一接到擔任總統的正式通知後就立即動身前往臨時首都紐約繼任。

第十八章　美國第一任總統

在臨行前，華盛頓特意前往菲德里克斯堡探望了年過八旬、重病在身的老母親。由於這可能是一次生離死別了，華盛頓非常難過。但母親得知兒子已經得到了美國的最高榮譽，感到無限榮光，她安詳而愉快地與這位有出息、有成就的兒子告別。

四月十六日，華盛頓告別了五年多的布衣生活，動身前往紐約赴任。但是，他卻絲毫感覺不到快樂，他在給諾克斯將軍的信中甚至滿懷憂鬱地寫道：

「我將帶著無異於囚犯走上刑場的心情走上執政掌權的寶座。」

此刻的華盛頓，心情的確難以名狀。起初，他擔心在自己已保證隱退之後再次重返政壇會引起人們對他的不滿，但一路之上，他卻受到了熱情的歡迎。無論途徑哪裡，他都會遇到禮炮轟鳴、被簇擁在遊行隊伍的前列，人們爭先恐後地與他握手……經久不息的歡呼，讓他的耳朵屢屢生出痛意。

人們對華盛頓的歡迎是發自內心的敬佩和真誠的希望。但是，這位新總統心裡很清楚，倘若他以後的政績無法滿足廣大人民的要求和願望，那麼，這種熱情就會變成同等瘋狂的責難。期待如此熱烈，可能出現的棘手的事情那麼多，這種新的危機局面使華盛頓不能不感到「力不從心，難以招架」。

然而，華盛頓此行的使命可能會改變整個歷史進程，他不能不打起信心，謹慎行事。正如他自己所說的：

「保衛自由的神聖火炬，保衛共和制政府的命運意義深遠，至關重要。它將取決於由美國人民親手完成的這次嘗試。」

(四) 就任總統

一七八九年四月三十日這天，風和日麗，紐約市到處都漾溢著一股濃濃的春意。美國歷史上第一次總統就職典禮在這裡舉行。

上午九時，各禮堂鐘聲齊鳴，人們虔誠地祈禱上帝賜福於美利堅民族。十二時左右，各部門首長和受檢閱的部隊在華盛頓的面前集合完畢，浩浩蕩蕩的隊伍在繁華的大街上向聯邦大廈列隊行進。沿途擠滿了圍觀的群眾，他們載歌載舞，歡欣雀躍，匯成了一片歡騰的海洋。

第十八章　美國第一任總統

華盛頓乘坐一輛豪華的四輪馬車跟隨在部隊和各部門首長身後。在他的後面，是各國駐美使節以及成千上萬的市民群眾。

隊伍在聯邦大廈前不遠處停下來，華盛頓等人下車，步行穿過一隊隊排列整齊、軍容威武的衛兵，進入大廈議會廳，向早已恭候在那裡的參眾兩院議員們揮手致意。在副總統約翰．亞當斯的引導下，華盛頓來到議事廳正面的中間座椅上就坐。他的右側是亞當斯，左側是政府發言人伯格。

一時間，大廳內鴉雀無聲，氣氛莊嚴而凝重。這時，副總統亞當斯起身對華盛頓道：

「先生，參議院和眾議院已經準備完畢，請您按照憲法規定舉行就職宣誓。」

宣誓地點是安排在議事廳前面的一個大陽台上，這裡擺放著一張鋪著深紅色天鵝絨布的桌子，上面放著一本裝幀精美古樸的《聖經》，站在陽台上就可以俯瞰紐約市最繁華的市區。

華盛頓箭步走上陽台，他身穿一套美國製的深褐色服裝，佩帶一把鋼柄指揮刀，腳上穿著白色絲襪和有銀白色鞋扣的鞋子；頭髮理成了當時很流行的髮式，讓

（四）就任總統

這位新任總統顯得特別精神矍鑠。

很快，陽台下面就傳來震耳欲聾的歡呼上。華盛頓深為群眾的情緒所感動，他走到陽台前面，以手貼胸，幾度向歡呼的人群鞠躬致禮，然後回到桌旁的椅子就坐。人群漸漸又恢復了平靜。

接著，宣誓開始了。華盛頓站起來，大法官羅伯特．李維頓走上前來主持儀式。參議院祕書捧起《聖經》，身材高大的華盛頓彎腰吻了吻這本寶典，然後將手放在《聖經》之上，以緩慢、清晰的語調莊嚴宣誓：

「我謹莊嚴宣誓：我將忠誠執行合眾國總統職務，我將竭盡所能堅守、維護並保衛合眾國憲法。」

宣誓完畢，華盛頓又恭敬地彎下身，輕吻了一下《聖經》。這時，大法官李維頓走上前，舉起右手高呼道：

「合眾國總統喬治．華盛頓萬歲！」

剎那間，廣場上歡聲雷動，禮炮齊鳴，鐘聲激盪，一個新時代的序幕拉開了……

為了答謝群眾的歡呼，華盛頓再次向他們躬身致敬。然後，他回到議事廳，向參眾兩院發表了就職演說。

據在場的許多目擊者稱，華盛頓在講話時的表情「嚴肅到近乎悲傷」的程度，而且顯得有些侷促，講稿從左手換到右手，左手的幾個手指插入褲袋中。他的聲音低沉得有些顫抖，以致聽眾們都不得不屏息靜聽。

華盛頓的演說沒有慣用的套話，全是自己的肺腑之言。在演說中，他祈求造物主能幫助美國人民在「他們自己創立的政府」的領導下，獲得自由與幸福。他接著說，美國走向「獨立國家」的每一步都「似乎由天意指引」。同時，他還談到了自己就任後的施政綱領，宣揚和解精神，指出：在公共事務中，要講求個人道德。「美德與幸福，職責與利益，公正而寬宏的政策準則與民眾獲得的切實的富裕和安樂，都是密不可分的。」

他還充滿深情地表示：

「因為祖國的召喚，要我再度出山。對於祖國的號令，我不能不肅然敬從。但是，退居林下依然是我一心嚮往的生活。我曾滿懷奢望，也曾下定決心，在退隱之地度過晚年。」

華盛頓簡潔的演講打動了在場的每一位聽眾。當時的著名演說家費希爾·埃姆斯寫道：

「我好像看到了一個美德的化身正向他未來的信徒演說。他那懾人心魄的力量是無與倫比的。」

在就職演說結束後，華盛頓正式成為美利堅合眾國歷史上第一位總統。

（四）就任總統

第十八章　美國第一任總統

George Washington

第十九章　艱難執政

如果自由流於放縱，專制的魔鬼就會乘機侵入。

——華盛頓

（一）建立新形態政府

就職之後，擺在華盛頓面前的頭等大事就是把一種前人從未試驗過的、囊括各州的新的政府體制付諸實施。他也深知這一創造性工作的難度，因為他所接手的聯邦政府「只不過是十幾個辦事員，一個空空如也的國庫，和一大堆債務而已」。而他的聯邦政府內部成員，也只有一個總統和一個國會。新憲法中也沒有就政府的組成問題提出明確的意見和設想，甚至連總統是否有權委任各部領導人也沒有說明。於是，這位首任總統開始發揮他偉大的創造力，籌建他的第一屆聯邦政府機構。

一七八九年七月二十七日，華盛頓首先建立了專門處理外交事務的部門，九月十五日將其定名為國務卿辦公室。八月七日，陸軍部建立；九月二日，又建立了財政部。

在確立各部之後，接下來就是挑選各部的領導人了。對此，華盛頓十分重視，因為職務的委派可能是唯一能在群眾中顯示聯邦政府「形象」的方式，一定不能馬虎大意。對部門官員的選擇，華盛頓提出兩個條件：一是要受人民的歡迎，二是要對人民具有一定的影響力，兩者缺一不可。

在青年時期，華盛頓曾親身經歷了英國那種以血統而非才幹選拔軍官的拙劣做法，並深受其害；如今，他力求以人的才幹和品德來選擇人才，並且特別注意人才的深孚眾望的特點，以確立新政府在人民群眾中的威信。

在這方面，就連一向挑剔、經常與華盛頓作對的約翰．亞當斯都不得不表示欽佩：

「我從未見過像他那樣廣納眾意，又有主見的人。」

（一）建立新形態政府

根據以上的選人標準，九月十一日，華盛頓任命自己的老部下亞歷山大．漢密爾頓為財政部長，任命亨利．諾克斯為陸軍部長。九月二十六日，華盛頓又任命湯瑪斯．傑佛遜為美國第一任國務卿。接著，華盛頓又根據約翰．傑伊的願望，任命他為最高法院院長，愛德蒙．藍道夫則被任命為司法部長。

華盛頓組建的這一政府機構，可謂將美國「第一流的人物」都網羅到自己的政府。因此，他躊躇滿志，信心十足。由於這些官員都是由總統直接任命的，從而開創了美國政府部門官員向總統而不是向國會負責的先例。

在其他官員的任命中，華盛頓也特別注意任人唯賢。新政府剛剛成立，希望在政府中謀得一官半職的人紛至沓來。對此，華盛頓認為，倘若新政府在任命和使用公職人員時有失公正，那麼這一政府就會因此覆亡。因此，對那些求職人員，他一律都會向所屬各州的議員徵求意見，絕不以個人的好惡親疏來貿然取捨。

政府團隊組建之後，美國的國家機器便開始正常運轉了。這是一個完全新型的國家，華盛頓正在領導美國人民進行一場史無前例的偉大實驗，全世界的目光都聚集在他的身上。華盛頓將滿腔的熱忱和全部精力都投入到工作當中，殫精竭慮，勵精圖治，決心為徹底改變美國的落後面貌而努力奮鬥。

一七八九年十月十五日，華盛頓開始了對東部各州的巡視。當他到達麻薩諸塞州時，州長亨柯克竟然稱病不出來迎接，因為在亨柯克心目中，他才是該州最高權力的體現者。

對於亨柯克的無禮行為，華盛頓不甘示弱，以拒絕出席州長宴會加以回敬。他認為：聯邦政府是高於加入聯邦的各州政府的，合眾國總統的地位理應居於州長之上。

終於，美利堅合眾國政府的強硬態度壓倒了亨柯克的地方主義氣焰。十月二十五日，亨柯克親自致函華盛頓，對自己沒能出迎總統表示歉意，並請求其會見。二十六日，天氣突然風雨交加，華盛頓取消了前往萊星頓參觀的計劃。傍晚時分，亨柯克冒著大雨乘車來到華盛頓的下榻處，拜會了總統閣下。

從此，總統的地位高於州長便成為美國政治生活的共識，儘管總統不能直接命令並指揮這些州長們。

（二）百廢待舉

與處理令人頭痛的內政問題相比，華盛頓處理起外交問題卻顯得遊刃有餘。在上任之後，外交方面首先就是面臨與歐洲兩個強國英國和法國的關係問題。一直以來，英法兩國都是死對頭，美國應該支持哪一方呢？

對此，華盛頓保持冷靜的頭腦，不為各種狂熱的偏見所左右，堅持獨立自主，儘量避免捲入歐洲的各種爭端。在當時，這是一個極其有創見的外交思想。

在對待與法國之間的關係上，華盛頓高度讚揚了法國對美國獨立戰爭所做出的巨大貢獻，堅持鞏固美法之間的友誼。但同時，他又讓美國與法國之間保持一定的距離，常常提示對方要尊重美國的利益和尊嚴。

一七八九年七月四日，法國爆發大革命，巴黎人民攻佔了巴士底獄。對此，華盛頓用冷靜的政治目光，審慎地觀察著這個歐洲國家所發生的事件。

一七九零年，曾對美國獨立戰爭積極幫助的拉斐特擔任了法國革命派國民自衛軍司令，被人們尊稱為「兩個半球」（歐洲與北美洲）的英雄。為了表達對華盛頓的尊敬和愛戴，他給華盛頓寄去了一件珍貴的禮物——開啟巴士底獄大門的鑰匙。

華盛頓將這把鑰匙掛在自己的住所中。奇妙的是，他又將路易十六的雕像與鑰匙擺在一起。後來，法國波旁王朝被推翻，美國很快就承認了法國革命政府，而當時眾多歐洲國家沒有一個這樣做。

華盛頓與拉斐特的私人關係是友好而真誠的，但後來他得知法國大革命失敗，拉斐特身陷囹圄時，礙於美國總統的身分不便出面向法、奧交涉，只得在經濟上給予拉斐特夫人一定的資助。

調整與英國的關係，也是華盛頓重要的外交思想。他希望能消除英美兩國之間

（二）百廢待舉

的敵對勢力，緩和兩國的矛盾，防止再次出現麻煩。一七九零年，華盛頓派莫里斯前往英國，作為非正式的外交人員，要求英國全面執行和平條約，並試探著與英國談判通商條款。就這樣，兩國的關係開始解凍，僵局逐漸打破，並最終實現了邦交正常化。

總之，華盛頓在處理與歐洲兩強之間的外交關係時可謂左右逢源，為美國的發展創造了緩和的國際環境。

然而，就在這良好的國際環境中，美國內部卻出現了激烈的黨派紛爭。

美國建國之初，圍繞一系列重大方針政策問題展開了激烈的爭論，如經濟政策、外交政策、聯邦性質和憲法解釋等。華盛頓沒想到的是，這些爭論竟然引發了美國的政黨紛爭。

一七九零年一月八日，美國第一屆國會第二次會議召開。這天上午，華盛頓主持了開幕式，並在參議院大廳向國會參眾兩院的議員們發表演說，闡述了他的施政綱領。在他的施政綱領中，他提到了建立國防、發展經濟等問題，但對財政政策這一重要問題卻未提及。

之所以如此，是因為華盛頓有自己的難言之隱。當時的邦聯政府給新的聯邦政府留下了一個負載累累的財政攤子，政府債務高達四千萬美元，此外各州政府還有二千五百萬美元的債務和一千多萬美元的外債。怎麼處理這些債務，成了新政府的燃眉之急。而正是這一問題，讓華盛頓費盡心機建立起來的第一屆美國政府瀕於幾乎崩潰的邊緣。

在第一屆內閣成員中，漢密爾頓和傑佛遜實際上是華盛頓的「左右手」。漢密爾頓主內理財，傑佛遜持外，華盛頓統籌全局，此舉逐漸克服了國家的財政困難，維持了政治局面的相對穩定，經濟形勢也出現了生機。華盛頓曾為自己蒐羅一群美國最傑出的人才於內閣之中而自我得意：

「有傑佛遜主持國務院，傑伊主持司法部，漢密爾頓主持財務部，諾克斯主持陸軍部，我感到了這些精明能幹、親密無間的助手們對我的強有力的支持。」

然而，傑佛遜和漢密爾頓二人在政治、經濟、性格和做法等方面都有所不同。國務卿傑佛遜是美國《獨立宣言》的起草者，才華出眾，思想敏銳；財政部長漢密爾頓是一位出色的行政管理人才，精明能幹，具有精密細緻的作風和訓練有素的頭腦。他大膽地提出了一系列具有創見性的經濟政策，發展資本主義經濟，加強了聯邦政府的權利。

在傑佛遜擔任國務卿之初，對解決國家債務問題和首都選址問題上，與漢密爾頓進行了有益的互相妥協。但隨著歷史的發展，兩人在許多政策問題上開始出現分析，矛盾日漸加劇。

（三）成立國家銀行

漢密爾頓在收集大量資料的基礎上，憑藉自己豐富的財政金融知識，提出了四個經濟報告，其中有三個是關於財政金融問題的。

第一個報告就是清償債務，他主張，凡是在獨立戰爭中欠下的債務，應一律由聯邦政府按票面值償還。因為這些債務是美國人民為支持獨立戰爭所付出的代價，償債是理所應當的，而且是可以維護和提高國家信用的。

漢密爾頓的償債方案在提交國會後，引起了激烈的爭論。贊同者認為，這是一副扭轉國家財政狀況的妙藥，必須儘快付諸實施；而反對者認為，這只會使北部資產階級發橫財，但卻嚴重損害其他地區和社會集團的利益。

面對這一糾紛，華盛頓一開始也有些猶豫不決，但經過認真權衡，他最終還是認可了漢密爾頓的方案。有了華盛頓的支持，漢密爾頓便積極活動，最終使得他的償債方案在國會中獲得通過。

國債需要全部償還，那麼資金從哪裡來？漢密爾頓認為，資金可以從稅收中獲取，為此他又提出來徵收消費稅的方案。這個方案在國會中引起一場更大的爭論。事情很顯然，因為當時大部分債券都集中在北方投機商和富豪手中。所以，漢密爾頓的方案實際上是要將大筆錢財奉給北方投機商，而南方沒有債券的州卻要平白無故為北方各州繳付稅款。這樣一來，南方議員們自然對漢密爾頓的計劃表現出反對態度。

但出乎意料的是，漢密爾頓的徵稅方案最終是透過反對他的領袖人物傑佛遜才得以在國會中通過的。

一七九零年三月二一日，民望極高的傑佛遜走馬上任，肩負國務卿的重任。六月中旬，傑佛遜在總統府前與漢密爾頓不期而遇，漢密爾頓將自己的財政部方案全部告訴給傑佛遜，並請求傑佛遜贊成他的方案，稱這是緩解難局的唯一方法。

傑佛遜對財政部長深信不疑，但他擔心這樣會令合眾國面臨解體的危險，因此，他找到了另外一個解決方法。

當時，國會還有一個重大的議題，就是首都的選地問題。在那個通訊方式極為落後、交通十分不便的時代，各地都希望將政府抓到自己手裡。於是，傑佛遜與漢密爾頓達成一項交易：北方要徵得足夠的選票，贊成讓首都建立的南方，以換得南方投票通過漢密爾頓的財政計劃。

交易達成後，參眾議院以微弱的多數通過了漢密爾頓的財政計劃。關於首都問題，國會今後十年將繼續在費城開會，同時馬里蘭和維吉尼亞交界的波多馬克河河畔劃出十英里的地方交給聯邦政府，在此修建辦公大樓。十年後，政府將遷往此處。

然而，這項交易卻讓華盛頓第一次遭受到人身攻擊，儘管他從未在此過程中插手。有人稱他簽字同意漢密爾頓的方案是為了將首都安在自己家的門口，他出賣了整個國家。

一波未平，一波又起。一七九零年十二月十四日，財政部長漢密爾頓又提出了建立國家銀行的方案，結果再次在國會中引起軒然大波。該方案的主要內容是：銀行具有開辦二十年的特許證，總資本為一千萬美元，共分二點五萬股，其中政府只能認購資本總額的五分之一，餘者皆為私人認購。銀行由二十五人組成董事會管理，其中政府代表為五人。所以，銀行實際上就是由私人代表所控制。但政府對銀行的宏觀調控將得到保證，銀行帳目永遠對財政部公開，銀行也必須要按照國會的規定活動。這一銀行可以向聯邦政府、各州或大型私營工程提供貸款，有權發行流通貨幣。

該方案其實會使私營商界的核心集團人物大發其財，並使他們獲得極大的國家權力。因此，最終投票時，麥迪遜和傑佛遜等人起來反對，認為憲法沒有賦予聯邦政府參加某一個銀行的權利，因此建立國家銀行是違反憲法的。但最終，參議院還是以三十九票對二十票的多數通過了財政部的這一方案。不過問題還沒有結束，這一方案還需要總統簽署後才能生效。

這讓華盛頓感到為難了，他對財政金融問題一直不太精通，現在又弄出一個憲法解釋問題，讓他頭暈腦漲，不知該如何處理。最終經過一番權衡比較，他還是下決心在法案上簽了字，法案隨即生效。

事實證明，國家銀行的建立對穩定通貨、提高經濟活躍性，促進產業發展造成了很大的作用。

（四）連任

自從國家銀行提案風波之後，華盛頓的「左右手」便因觀點各異而分歧日甚。傑佛遜曾寫道：

「漢密爾頓與我天天在內閣裡鬥，簡直就像兩隻公雞一樣。」

在這場內閣紛爭中，諾克斯是站在漢密爾頓一邊的，而藍道夫則常常與傑佛遜站在一邊。在這兩位內閣人物的敵對旗幟下，美國各地也開始形成兩大黨派。贊成加強全國性政府，以便在國外提高尊嚴、在國內提高效率的一派，將漢密爾頓視為楷模，他們自稱為「聯邦黨人」，而傑佛遜卻稱他們為「獨裁主義者」；另一派被稱為「共和派」，他們認同傑佛遜的觀點，認為聯邦黨人是想將聯邦政府變成一個龐大的中央政府，作為從共和國走向君主國過渡的準備。

第十九章　艱難執政

對於內閣的這些紛爭，華盛頓一向是十分反對的。他是「三頭馬車」的首腦，因此他不偏不倚地同傑佛遜和漢密爾頓保持著等距離的均衡關係，希望彼此不要帶著偏見地將他認為對美國有利的觀點集中起來。維吉尼亞的亨特在演說中這樣評價這位美國總統：

「他並不想建立單元內閣，不想壓制別人的意見，也不希望別人隱瞞自己的意見。他對別人的過人才幹毫無嫉妒之心。他把當代最偉大的政治家團結在自己周圍，……他沒有讓傑佛遜和漢密爾頓跑到內閣外面去互相激烈的戰爭和衝突，以致動搖整個政府大廈，而是把他們關在內閣裡，以便他們在發生爭執時隨時親自加以仲裁，在他們提出建議時隨時加以採納，使之造福於國家。」

一七九二年，按照憲法的規定，四年一屆的美國總統任期即將屆滿，緊張的工作和受拘束的生活讓華盛頓的健康狀況日益衰退，因此他決定屆滿後正式退出政壇，擺脫國事重負，回到家鄉去安享田園樂趣。

奇怪的是，互相對立的兩派都希望華盛頓能連任總統。在當時的美國政界，的確找不到更合適的人選來擔任美國首腦了。眾人的勸說讓華盛頓對去留問題徬徨不定，看來自己連任是眾望所歸。

（四）連任

經過長期的內心掙扎，華盛頓最終還是同意參加第二屆美國總統的競選。他沒有搞任何競選活動，卻於一七九三年二月十三日以一百三十二票比零票獲得全票通過，再次被選舉為美國總統。

華盛頓並不迷戀權力和地位，但他確是一位重視聲譽勝過生命的紳士，又是一位對祖國和同胞具有高度責任感的愛國者。

一七九三年三月四日，華盛頓在參議院會議當眾宣布就職。這次，他的就職演說與首次任總統的演說相比，可謂簡短之至：

同胞們：

我再度受祖國的召喚行使總統職責。在承擔這一職務期間，我將鞠躬盡瘁以表示我對這一殊榮懷有的高度責任感，無愧於美國人民對我的信賴。

憲法規定：總統在正式行駛總統職責之前要進行就職宣誓。現在，我在你們面前宣誓：如果發現我在執掌政權期間，對憲法和禁令有任何自願或故意違背，我除了承受憲法所規定的懲罰外，還甘願接受所有現在目睹這一莊嚴儀式的人民的譴責。

寥寥數語之後，華盛頓便以最快的速度、盡可能不引人注目地回到了總統官邸。四個月後，他仍然滿腹牢騷地致函友人道：

「在我任職期間，我就把自己視為公僕。但如果他們在此期間進而將我稱為他們的奴僕，我也沒什麼異議。」

連任後的華盛頓總統，面臨的國內形勢與第一次上任時大不相同。當初在紐約就職時，國內各派政治力量基本都團結一致，輿論也無重大分歧；而現在，國內卻出現了兩個對立的政黨派別，輿論也隨之分裂，內閣裡互相傾軋攻擊……這些讓這位連任總統感到十分煩惱，窮於應付！

華盛頓連任前後，國際形勢也發生了巨變：一七九三年，法國國王路易十六被送上了斷頭台；二月一日，法國對英宣戰；三月初，法國又對西班牙宣戰；吉倫特派掌權的法國政府派遣熱內前來充任駐美國公使。

在這種風雲激盪的形勢下，美國力量單薄，新建立的國家百廢待興，極需一個和平的環境恢復和發展國民經濟。華盛頓從國家利益考慮，告訴國務卿：

「英法兩國已經開戰，我國政府要努力嚴守中立。」

華盛頓保持中立的態度是相當明智的，因為如果美國承認法國的新政權，就必

（四）連任

將觸怒歐洲的君主制國家及美國的聯邦主義分子，如漢密爾頓等人；而如果不承認，又會得罪法國革命者和美國的共和主義者，如傑佛遜等人。所以，宣布中立是最符合美國利益的辦法。

四月二十二日，由藍道夫起草，屢遭傑佛遜和漢密爾頓互相「干擾」和「攻擊」的「中立宣言」文稿經華盛頓審閱後以總統名義發表。文稿說，美國與法國、英國均保持和平關係，禁止美國公民參加海上任何戰鬥，警告他們「不得把現代國際慣例中視為違禁品的任何物品運送給交戰國」，並禁止他們「採取與友好國家對交戰國的職責不相符的任何行動和步驟」，「美國的職責和利益要求他們應該真誠地、善意地採取併力求對所有參戰國都保持友好而且是公正的態度」。

「中立宣言」表明了華盛頓外交思想已漸漸趨於成熟。這次事件是年輕的美利堅合眾國政府處理的第一起外交事件，美國已經審時度勢地從國家利益出發，奉行「等距離外交」策略，實行自己靠自己的外交策略，不過分依賴外在強國。因此說，這份「中立宣言」也是美國的外交思想成熟並付諸實施的標誌。

雖然華盛頓的「中立宣言」是十分明智的，但這種冷靜的決策卻與許多公民的熱情和激動的情緒背道而馳。因此，「中立宣言」剛剛發表，共和派對此就做出了強烈的反應，宣稱法蘭西事業是全人類的事業，「中立就是背叛」，矛頭直指「君主制炮製者，親英分子」漢密爾頓。

漢密爾頓對此也不甘示弱，他更加坦率地說：法國是支持過美國獨立事業的，但那是出於他們的利益，現在我們的利益不允許偏袒任何一方。

雖然各派爭論不休，但華盛頓認準了的事就一定會堅定地做下去，「中立宣言」也不例外。儘管它飽受批評，甚至會損害自己的聲譽。

（五）左膀右臂辭職

華盛頓的中立政策不僅遭到國內部分人士的抨擊，很快還受到來自法國和英國方面的威脅。

就在華盛頓發表「中立宣言」的四月二十二日，新任法國駐美公使埃蒙德·查爾斯·熱內抵達美國的查爾斯頓，以謀求在美國民眾中發動一場支援法國的革命風暴。因此，從查爾斯頓到費城，他一路發表蠱惑人心的演說，煽動親法仇英情緒，並招兵買馬，企圖建立一支援法的革命十字軍。就連國務卿傑佛遜也一時受這種情緒的影響，未對熱內的行為採取果斷有力的措施。

但不到三個星期，傑佛遜就對熱內的幻想破滅了。熱內組織十幾條武裝私掠船在近海大肆活動，先後捕獲了八十多艘英國商船。這些粗暴的行為嚴重踐踏了「中立宣言」，招致英國政府的強烈抗議，使美英關係一度陷入危機。

最終，一七九四年一月，內閣會議決定取消熱內的外交官職權及其外交特權。就在這時，法國政府也召回了熱內，派來了一位新的駐美公使。

法國的危機剛剛解除，英國危險又隨之而來。一七九三年六月，英國政府為切斷法國的海外供應，便向它的巡洋艦發出指令：扣留一切開往法國的商船，並要求船主保證將貨物卸給英國友好國家。

這一措施立即引起美國輿論的憤怒，美國政府對此也提出抗議，但英國依然我行我素。此後，英國海軍和私掠船還多次襲擊往返於法屬西印度群島航線上的美國船隻，船員或被迫加入英國海軍，或在囚船上被熱病奪去生命。

（五）左膀右臂辭職

面對群眾的激憤情緒，華盛頓再次以他那堅定和冷靜的傑出性格站出來指明方向，呼籲透過與英國談判解決問題，而不要訴諸武力。為此，他派出法國最高法院院長約翰．傑伊出使英國，與英國政府進行談判。

一七九三年夏，就在華盛頓的中立政策不斷遭受挑戰時，他的內閣再次出現問題。

六月下旬，漢密爾頓寫信給華盛頓表示：鑒於公眾的利益和個人的考慮，決定在本屆國會會議結束時辭去現有職務。華盛頓雖竭力勸說，但這位下屬卻絲毫不為之所動。

七月三十一日，傑佛遜也致函總統表示，本打算在總統首任期滿就辭職隱退，後因種種情況而推遲至今。現在，他已到了辭職的時候了，並決定於九月底辭去國務卿職務。

華盛頓對這兩位「左膀右臂」的辭職要求深感難過，甚至有幾分悲涼。尤其是傑佛遜的辭職，對華盛頓是一個重大的打擊。回想幾年總統生涯，華盛頓對這位充滿民主主義激情的思想家懷有一種深深的敬意。這位品行高尚、秉公無私、才學橫溢，具有豐富外交知識和處理國際問題的經驗，是一位真正的愛國主義者。儘管他與漢密爾頓經常發生爭執，但他提出的意見和思想總是出於良好純正的動機，對華盛頓的決策工作始終產生著重要影響。

一七九四年一月，傑佛遜將國務卿事務轉交給他的繼任——司法部長愛德蒙·藍道夫後，隨即踏上歸途。

一七九五年一月，漢密爾頓和諾克斯也相繼辭去財政部長和陸軍部長職務。為此，華盛頓不得不挖空心思地重新組建內閣。

（五）左膀右臂辭職

這時，有關傑伊在英國談判的消息傳來，傑伊已與英國政府於一七九四年十一月十九日簽訂條約。但直到一七九五年三月七日，傑伊條約的文本才最終遞交到華盛頓手中。但華盛頓對這份條約十分不滿，他認為，傑伊條約雖然避免了美英兩國的戰爭，但美國作出的讓步太多。為了避免條約引起更多公眾的憤怒和不滿，他只好將這份條約束之高閣，祕而不宣。

然而在交付國會討論時，圍繞是否批准傑伊條約的問題，國會議員們只能根據黨派的利益和政治路線投票。「共和」、「聯邦」兩黨就傑伊條約進行了激烈的戰爭，且戰爭的意義遠遠超過了對條約本身的爭論，開創了美國兩黨制的先河。

第十九章　艱難執政

最終，華盛頓為了避免美國捲入戰爭的目標，簽訂和批准了傑伊條約，雖然他因此而遭到了兩黨派的嚴重人身攻擊，甚至是謾罵和嘲笑。

George Washington

第二十章　桑榆晚景

在我離開你們的時候，我的手是乾淨的，我的心是純潔的。我熱誠地祈求上帝賜予這個國家，這塊我的三四代祖先都在這裡出生的土地繁榮和幸福。

——華盛頓

（一）建立兩任慣例

早在華盛頓重返政壇出席制憲會議時就曾擔心，他會因此而喪失在艱苦卓絕的獨立戰爭中獲得的聲譽和同胞們對他的愛戴。而現在，這種擔心似乎正在漸漸變成現實，兩黨政治的發展使這位總統不由自主地捲入了相互攻擊的漩渦之中。

傑伊條約對華盛頓的影響很大，他原本指望簽署這一條約能平息戰爭，為美國營造一個良好的發展環境，誰知人們的憤怒情緒反而日漸強烈，甚至將這種不滿轉移到他個人身上。共和黨人就傑伊條約對華盛頓的攻擊尤甚，他們指責傑伊是叛徒，稱華盛頓是「政治偽君子」，是一個「傲慢的專制君主」。

在經濟方面，華盛頓也開始受到指責。有人宣稱，這位總統一貫透支他的薪水。這種無端的攻擊讓華盛頓痛苦至極。事實上，他從未自己去領取過他的職務津貼，這一切都由他的祕書經管。而且財政部長科特也稱，華盛頓每季的開支有時超過季度津貼，有時則達不到，但全年的開支總數都不超過年度的津貼總數。

讓華盛頓更加傷心的是，人們竟然開始以加入他的內閣為恥。由於找不到合適的人選，他只好請漢密爾頓幫忙推薦一位賢者擔任美國國務卿，但這位從前的下屬回答得讓他倍感難堪：

「國務卿這個角色實在是難當至極。……說實話，第一流的人物是難以找到的，次一等的人物也得以禮貌相待和起碼不錯的條件才能找到。但願我說得更明白些，這對於一個政府來說是一個可悲的預兆。」

最後，華盛頓只好退而求其次，降格讓皮克林擔任國務卿。為了這一任命，他甚至懇求皮克林，皮克林才屈尊俯就似地答應下來。還他找了其他幾位關係密切但卻不是很著名的二流人物充實內閣。按照副總統約翰·亞當斯的話說：

「政府結構再一次充實了，但與傑佛遜、漢密爾頓、傑伊等人在這裡時大不一樣了。」

華盛頓在六十二歲壽辰時，國會曾特意休會半小時，以向這位總統祝壽。而今，當這位六十四歲的老人再次壽辰時，因傑伊條約而與總統鬧僵了的眾議院專門以五十票對三十八票通過決議，規定議員們不得休會半小時去向總統賀壽，以表示對華盛頓的不滿。

華盛頓由此看出，他在人們心中的光輝形象正在漸漸黯淡下去。

第二十章　桑榆晚景

一七九六年春，正是華盛頓與眾議院之間因傑伊條約而劍拔弩張之時。出於對政界紛爭的厭煩，這位老人歸隱田園的念頭日漸強烈。他在信函中表示，一七九七年三月四日他將「結束公職生涯」：

「我可以預言，從此以後，世界上再也沒有任何力量能將我從個人生活中拖出來了。」

在這期間，華盛頓開始著手準備一份告別文書，對任期內的一切作個總結性的交代。經過數月的推敲修改，在一七九六年九月，華盛頓將這份告別文書交給費城的《美國每日新聞報》發表了。

這篇告別演說的發表在全國引起了極大的轟動，政府要員們也普遍感到惋惜和震驚，甚至有人為此流淚。大多數報紙都對總統的主動引退表示讚賞，原來攻擊他有權力慾的反對派這下也無話可說了。

華盛頓的這篇告別演說，是他執政八年的經驗與教訓的全面總結，也是針對國際國內政治風雲、黨派紛爭針砭時弊的有感之作，同時也闡述了他的政治思想、制憲思想、治國方略和他所推行的內政外交政策，情真意切地對國民提出忠告和對國

（一）建立兩任慣例

家未來的希望。

演說詞成為美國歷史上又一重要歷史文獻，也有人認為他是華盛頓為國家留下的一筆「有形財富」，而對他的引退精神則被評價為一個「無形財富」，為美國的總統任期立下了先例。

根據一七八七年的憲法，美國總統每任四年，但沒有限制連任的次數。這意味著，只要條件允許，總統可以一直連任下去。甚至傑佛遜也一度認為華盛頓這位第一任總統可能任職終身，因為他極高的威望可以讓他輕而易舉地做到這一點。

可是，華盛頓卻沒有這樣做，他的至多連任兩屆的先例後來成為一條不成文的規定。華盛頓之所以能夠急流勇退，毅然離掉許多人渴望的總統寶座，放棄手中的大權，一是由於他厭惡相互攻擊的黨派戰爭，強烈的榮譽感勝過對權力的迷戀，不願因權力而破壞自己的名聲；二是他希望建立透過選舉來確定繼任總統這種完全共和制政體的形式；三是華盛頓生長在具有強烈民主傳統和反封建專制思想的美洲「新大陸」，這種土壤本身孕育了華盛頓的共和民主思想，同時也讓他認識到，任何非民主意願的思想在這裡都會遭到失敗。

因此，有人在評價華盛頓時寫道：

「他是克倫威爾，但沒有野心；他是蘇拉，但沒有惡行。在他以自己的努力使祖國進入獨立國家之列後，他自願交出了感恩戴德的民眾授予他的權利，結束了他的政治生涯。」

（二）卸任

在將繁重的國事重擔交付給新總統約翰．亞當斯後，一七九七年三月九日清晨，華盛頓愉快地與家人一起乘馬車向家鄉維農山莊進發。華盛頓思鄉心切，早已無心欣賞沿途的風景，一路快馬加鞭，夜宿曉行。

三月十五日，一行風塵僕僕的旅人終於回到了維農山莊。望著眼前熟悉的一切，華盛頓充滿深情地對妻子瑪莎說：

「我們終於回到了自己平靜的港灣了。」

返回家鄉的第二天，華盛頓起了個大早，在僕人的陪伴下，他騎著馬興致勃勃

（二）卸任

地巡視了整個山莊。他準備重整旗鼓，在自己的有生之年將維農山莊建設成為美國第一流的農場。

然而透過幾天的觀察，華盛頓有些心灰意冷了。由於常年在外，疏於對莊園的管理，此時的維農山莊已經變得荒蕪不堪，房屋因年久失修而腐朽頹敗，到處都是骯髒的垃圾和倒塌的籬笆圍牆，農田已經耗盡地理，水土迅速流失，牲畜因飼養不善而羸弱不堪……簡直就是一片殘破的景象。

儘管如此，這位六十五歲的老人還是不肯認輸，他決定進行一次新的創業，勵精圖治，讓山莊恢復往日的氣度。為此，他回家沒多久就幾乎恢復了當年在山莊時的作息時間和生活方式，黎明即起床，用過簡單的早餐後，便在侄子的陪同下前往各個工作點檢查。

他常常幾個小時騎在馬背上四處奔波，巡視農作、飼養和各個作坊的生產，及時監督和指導各項工作，常常從一個工作點馬不停蹄地轉到另一個工作點，一直忙碌到下午二點左右才回家用餐。

為了重振家業，華盛頓在認真論證的基礎上，親自擬定了一份莊園管理規劃。

第二十章　桑榆晚景

這份文件洋洋灑灑，長達三零多頁，並附有各種表格，詳細地說明了他所要做的每件事。其中一些計劃是短期內根本無法實施的，華盛頓也知道自己可能無法看到事情的結局，但他的最大願望是「把一切該辦的事情辦好，以便在去見上帝時不致在心靈上受到譴責」。

正當華盛頓在維農山莊忙碌地實施他的重建規劃時，突變的政治風雲再次打破了他平靜的生活。

傑伊條約雖然緩和了美英之間的關係，但卻令美法之間的關係變得緊張起來。法國政府視這一條約為美國與英國結盟的證據，拒絕接受華盛頓於一七九六年夏天派往駐法的大使查爾斯．平克尼。

一七九七年三月，亞當斯就任美國總統，美法關係進一步緊張。為了避免與法國發生衝突，一七九七年五月，亞當斯任命平克尼等三人組成委員會，與法國方面談判有關商務及友好條約問題。

一七九七年十月，三位使節抵達法國巴黎，卻遭到了法國外交部長塔列朗非禮節性的接待，並且還私下向三位代理人索要一千萬美元的巨額貸款，結果遭到美國特使的拒絕。就這樣，三位代表又返回美國。

一七九八年四月，具有強烈聯邦黨人意識的亞當斯總統為了爭取輿論，向國會公佈了對法交涉的經過，並用「X、Y、Z」代替塔列朗派來索賄的三名代理人。這就是美國外交史上所謂的「X、Y、Z」事件。

亞當斯的這一招果然有效，美國國內立即掀起反法情緒，聯邦黨人也趁機利用這種狂熱製造戰爭氣氛。美國似乎面臨一場新的為獨立而戰的戰爭。

然而，亞當斯本人卻不熟悉軍事，這突如而來的軍事重任令這位總統一籌莫展。這時，他想起了正在維農山莊的那位老將軍華盛頓。

（三）擔任總司令

一七九八年六月二十二日，亞當斯親自寫信給華盛頓，信中寫道：

「……我不能不時常徵求您的意見，我們不能不借重您的威名，只要您允許我們這樣做。您的威名勝過千軍萬馬。」

與此同時，陸軍部長麥克亨利也寫信給華盛頓，表示希望他能出山。

七月四日，或許是經歷了太多的政治風波的緣故，華盛頓以一種極其泰然的態度分別給亞當斯和麥克亨利回了信。在給亞當斯的信中他寫道：

「……萬一由於某種不可抗拒的力量，敵人真的入侵我國，只要祖國要求我為擊退入侵而效力，我絕不會把年齡和退休當成藉口予以推辭。」

在給麥克亨利的信中，華盛頓也表示了同樣的意思：

「……我的整個一生都在為祖國效勞，在有生之年，只要我確信祖國同意並需要我犧牲自己的安逸和寧靜，我就絕不會在這生死存亡的關頭追求安逸和寧靜。」

然而，這位老人還不知道，就在他覆信前的七月三日，亞當斯總統已經向參議院提名華盛頓為中將總司令了，而且這一提名在第二天就得到了參議院的一致通過。於是，華盛頓再一次被推上政治舞台。

七月十一日，麥克亨利以陸軍部長身分專程來到維農山莊，代表官方希望華盛頓接受總司令之職。但這位前總統與現任總統在高級軍官的任命上卻發生了嚴重分歧。為此，華盛頓甚至給亞當斯總統寫信，以不容申辯的口氣表示，如果總統不能

（三）擔任總司令

按照他的要求任命軍官，他將退出軍隊。

如果華盛頓真的將威脅付諸實施，亞當斯根本控制不了聯邦黨人和共和黨人由此可能出現的糾紛，無奈之下，他只有向他昔日的上司認輸。

華盛頓為何會如此固執？有人認為是因為年齡的緣故。這表明：最偉大的英雄，在歲月面前也不得不認輸。但他明知「今後增添聲譽的可能性絕不比失去它的危險性更大」，還是毅然出馬，為國家效力，其愛國情懷天日可昭。

一七九八年十一月五日，曾決心不再跨出家門捲入政治紛爭的華盛頓再一次結束退休生活，驅車前往費城，共商重組軍隊的大計。

在費城，華盛頓冒著嚴寒，與漢密爾頓、平克尼等人為籌建軍隊的種種複雜問題而操勞。五個星期裡，他不顧年邁體衰四處奔波。

也許是真的老了，華盛頓覺得費城真是太寒冷了，他希望能夠儘快返回維農山莊，去過一個愉快的聖誕節。因此，匆匆處理完軍務後華盛頓就動身返程。

十二月二十五日，維農山莊沉浸在聖誕節的歡快氣氛當中。興致熱烈的華盛頓邀請了許多朋友前來共度佳節，其中也包括平克尼將軍夫婦。

新的一年到來了，華盛頓雖然身在維農山莊，卻一刻也沒忘記國家賦予他的重任。他透過與麥克亨利、漢密爾頓等人的信件往來，繼續討論和指揮軍事工作。所幸的是，法國政府因內外交困，逐漸改變了對美國的強硬態度。

一七九九年一月底，華盛頓接到法國的一位美國僑民來信，信中表示：美法矛盾均因誤解而生，現在法國政府願意接受美國派去的使節。

老人對美法兩國能化干戈為玉帛而高興，他將信件轉交給亞當斯總統，並附函表示，希望能「建立在公正、高尚、尊嚴基礎上的和平與安寧」。亞當斯總統覆信表示：他也收到了許多類似信件，並已決定派美國駐荷蘭大使威廉·萬斯·默裡為駐法大使，以打破與法國之間的外交僵局。

(四) 偉人辭世

一七九九年二月二十二日，是華盛頓六十七歲的壽辰，恰逢又是他的侄孫女卡斯蒂斯結婚的喜期，維農山莊度過了熱鬧喜慶的一天。

（四）偉人辭世

生日結束後，又有人來維農山莊充當說客，勸說華盛頓參加第三屆總統的競選，因為總統換屆時間又要到了。華盛頓一口回絕，他說：

「如果我參加競選，我就會成為惡毒攻擊和無恥誹謗的靶子，會被誣陷為懷有野心，一遇時機就爆發出來。我將會被指責為昏聵無知的老糊塗。」

華盛頓仍然每天認真地經營著他的維農山莊。按照他擬定的耕作計劃，他每天都高興地騎著馬到處巡視。不過，維農山莊的寧靜和閒暇也讓他有了充裕的時間思考一個正在日漸向他逼近而又無法迴避的問題：死亡。這位曾經馳騁沙場，對槍林彈雨都無所畏懼的老英雄，此刻也與常人一樣，有著一種對悄悄來臨的死亡的恐懼。他私下寫道：

「希望人們的尊敬以及為國家效忠後的自我感覺會減輕我將遭受的痛苦和憂慮——雖然它們現在還沒有來到我的面前。」

七月初，華盛頓開始準備他的遺囑，並竭力使自己的遺囑能夠醒目一些。七月九日，華盛頓在他親筆書寫的長達二三頁的遺囑上簽了字。由於沒有親生的繼承人，他辛苦積攢下來的家業只好在華盛頓、卡斯蒂斯和丹德里奇三個家族分配。老

第二十章　桑榆晚景

人還專門為教育提供了捐贈，以資助在首都建立一所全國性的大學。

轉眼又到了冬天，儘管室外天寒地凍，華盛頓仍然每天騎著馬到莊園各處巡視。十二月十二日這天，華盛頓在他的日記中寫道：

「早晨多雲，東北風，溫度表上的計數為華氏三十三度。昨天晚上月亮周圍有大風暈，一零時許開始下雪，旋即冰雹驟降，繼而寒雨不息。到夜裡，溫度計數為華氏二八度。」

十二月十三日早晨，華盛頓醒來後發現，窗外已經是白茫茫的一片，雪還在下著，他無法像往常那樣騎馬外出了，只好在家休息。

這時，他感到嗓子有些疼。顯然，他是昨天在風雪中受涼了。下午，雪停了，天氣晴朗，華盛頓又走出家門，騎馬來到住宅與河流之間的地帶，給計劃即將砍伐的一些樹木標上記號。此刻，他的聲音已經有些嘶啞了，可這位倔強的老人仍然沒當回事。

十三日夜裡，華盛頓開始渾身寒戰，呼吸困難，喉痛加劇。十四日凌晨兩三點中，他喚醒了瑪莎，說自己難受極了。瑪莎嚇壞了，想起床去叫僕人來，可華盛頓

（四）偉人辭世

不讓她下床，怕她受涼。

天亮後，女僕進來生火，華盛頓才讓女僕去喊一位經常給奴隸們看病的監工羅林斯，他想在醫生到來之前先讓這位監工給自己放點血。

這時，祕書利爾也醒來了。他依照民間單方，用糖、醋和奶油配製成水劑給華盛頓含漱，以治療他的嗓子痛。但每次含漱時，都會引起他咽喉痙攣猛烈咳嗽。

太陽出來後，羅林斯帶著一把柳葉刀來了。當將軍伸出手臂時，這位監工卻緊張起來。華盛頓吃力地安慰他不要怕。

羅林斯在華盛頓的手臂上畫了一個傷口，很快，血就順著切口流了出來，但華盛頓還說：

「切口還不夠大。再放點……再放一點。」

直到放了一品脫（相當於零點四七三升）後，利爾才將切口包紮起來，但咽喉的病痛感卻絲毫沒有減輕。

上午八九點鐘，華盛頓的老朋友克雷克醫生來了，還帶了兩位內科醫師。他們立即採取各種治療方法，並且又放了血，但都毫不奏效。

下午三四點，迪克大夫和布朗大夫也匆匆來到維農山莊。年僅三十七歲的狄克醫生認為，華盛頓得的是急性喉黏膜炎，必須立即切開氣管讓他呼吸，否則就會窒息而死。但布朗大夫認為這樣過於危險，甚至會致命。克雷克也站在布朗大夫一邊。最後，三位醫生繼續為老人放血，這次放的血已經「流得很慢，顯得很黏稠」了。

下午四點半左右，華盛頓讓瑪莎到樓下房間拿出兩份遺囑，他讓夫人燒掉一份，並讓她保存好另一份。接著，老人又拉著床邊的祕書利爾的手說：

「我知道我將不久於人世，……請你務必把我近來的軍務信件和文件都加以整理和登記。要把帳目都清理一下，我的書也都放好，這些只有你最清楚了。讓羅林斯先生把我的其他信件都做好記錄，他已經開了個頭了……」

當利爾請他一切都放心，並希望他恢復健康時，老人微笑著表示，他已經不行了。這是每個人都會面對的事情，因此他也坦然待之。

十四日晚上十點鐘左右，華盛頓說話已經十分困難了。他幾次想和利爾說話，但竭盡全力才擠出幾個字：

（四）偉人辭世

「我馬上就要不行了，葬禮不要過分。我死後三天再下葬。」

利爾傷心得說不出話來，只是不住點頭。華盛頓又追問道：

「你明白我的意思嗎？」

利爾回答說：

「明白，先生。」

「那就好。」這是這位偉人此生所說的最後一句話。

大約十點到十一點之間，一代偉人平靜地停止了呼吸。

三天以後，即十二月十八日，華盛頓的葬禮在維農山莊舉行。亞當斯總統派特使加急送來弔唁函。

華盛頓的遺體安放在維農山莊家族的老墓地中，牧師誦讀完祈禱詞後，華盛頓的遺體被送進墓穴。

華盛頓逝世的消息傳遍美國，舉國沉痛哀悼。正在開會的國會休會一天，全體議員和工作人員佩戴黑紗，後來國會還發表了一個公開悼詞。

消息傳到英國，英國艦隊司令下令旗艦下半旗致哀，幾十艘艦艇也跟著下了半旗。

消息傳到法國，法國政府命令各機關的旗幟上一律懸掛黑紗十天。

為了紀念這位偉大的英雄，新建的美國首都命名為華盛頓。兩百多年以來，美國共有一百多個城鎮都以華盛頓命名。

關於這位偉人，亨利．李在美國國會發表的悼辭心中作了公允而概括性的評價：

「戰爭時期的第一人，和平時期的第一人，同胞們心目中的第一人，一位舉世無雙的偉人。」

（四）偉人辭世

國家圖書館出版品預行編目資料

美國首任總統喬治．華盛頓：當代民主體制的奠基者 / 潘于真著．-- 第一版．-- 臺北市：崧燁文化事業有限公司，2022.03
面；　公分
POD 版
ISBN 978-626-332-055-0(平裝)
1.CST: 華盛頓 (Washington, George, 1732-1799) 2.CST: 傳記 3.CST: 美國
785.28　　111001316

美國首任總統喬治・華盛頓：當代民主體制的奠基者

作　　者：潘于真
發 行 人：黃振庭
出 版 者：崧燁文化事業有限公司
發 行 者：崧燁文化事業有限公司
E-mail：sonbookservice@gmail.com
粉 絲 頁：https://www.facebook.com/sonbookss/
網　　址：https://sonbook.net/
地　　址：台北市中正區重慶南路一段六十一號八樓 815 室
Rm. 815, 8F., No.61, Sec. 1, Chongqing S. Rd., Zhongzheng Dist., Taipei City 100, Taiwan
電　　話：(02) 2370-3310　　**傳　　真**：(02) 2388-1990
印　　刷：京峯彩色印刷有限公司（京峰數位）
律師顧問：廣華律師事務所 張珮琦律師

定　　價：360 元
發行日期：2022 年 03 月第一版
◎本書以 POD 印製